PETER SCHIWY

Impfung und Aufopferungsentschädigung

Schriften zum Sozial- und Arbeitsrecht

Band 12

Impfung und Aufopferungsentschädigung

Von

Dr. Peter Schiwy

DUNCKER & HUMBLOT / BERLIN

Alle Rechte vorbehalten
© 1974 Duncker & Humblot, Berlin 41
Gedruckt 1974 bei Buchdruckerei A. Sayffaerth - E. L. Krohn, Berlin 61
Printed in Germany
ISBN 3 428 03105 9

Meinem lieben Vater
in dankbarer Erinnerung

Inhaltsverzeichnis

I. *Einleitung* 9

II. *Impfung* 10
   1. Geschichtliche Entwicklung 10
   2. Definition 12

III. *Geschichtliche Entwicklung des Aufopferungstatbestandes für Impfschäden bis 1961* 14
   1. Die wohlerworbenen Rechte (iura quaesita) und das ius eminens 14
   2. §§ 74, 75 EinlALR 15
   3. Weimarer Verfassung 18
   4. Grundgesetz 19

IV. *Aufopferung — aufopferungsgleicher Eingriff* 22

V. *Geltungsgrund des Aufopferungsanspruchs* 27
   1. Gewohnheitsrecht 28
   2. Art. 14 GG i. Vbdg. m. Art. 1, 2 GG 29
   3. Art. 3 GG 30
   4. §§ 74, 75 EinlALR 32
   5. Gesamtschau 33

VI. *Normenrang des Aufopferungsanspruchs* 34

VII. *Umfang des Aufopferungsanspruchs* 37
   1. Schadensersatz-Entschädigung 37
   2. Materieller Schaden, insbesondere Verdienstausfall — Entgangener Gewinn 38
   3. Immaterieller Schaden 41

VIII. *Gesetzeskompetenz zur Regelung der Aufopferungsentschädigung bei Impfschäden* 47
   1. Sachzusammenhang und Annexkompetenz 47
   2. Analogie zu Art. 74 Nr. 14 GG 49
   3. Ergebnis 52

IX. Regelungen im Bundesseuchengesetz ... 53

1. Arten der Impfung ... 53
   a) Pflichtimpfung ... 54
   b) Begrenzte Pflichtimpfung ... 57
   c) Empfohlene Impfung ... 57
   d) Reiseimpfung ... 58
   e) Impfungen Deutscher außerhalb des Geltungsbereichs des Grundgesetzes ... 59
      aa) Auslandsimpfungen ... 59
      bb) Impfungen von Deutschen auf ehemaligem Reichsgebiet außerhalb der Bundesrepublik ... 60
   f) Würdigung ... 61
2. Impfschaden ... 62
   a) Legaldefinition ... 63
   b) Beweislast ... 63
3. Enumeration — Aufpfropfung des Bundesversorgungsgesetzes .. 64
4. Mitverschulden nach Bundesseuchengesetz alter und neuer Fassung ... 68
5. Verjährung ... 70
6. Anspruchskonkurrenz ... 71
7. Rechtsweg ... 71

X. Vom Bundesseuchengesetz nicht erfaßte Fälle ... 75

1. Einmaliger Sachschaden ... 75
2. Vom Impfgeschädigten zu ersetzender Drittschaden ... 76
3. Rechtslage nach allgemeinem Aufopferungsrecht ... 76
4. Der allgemeine Aufopferungsanspruch als Auffangtatbestand .. 78
5. Gesetzgebungskompetenz für die vom Bundesseuchengesetz nicht erfaßten Fälle ... 80

Literaturverzeichnis ... 83

I. Einleitung

Unter dem Eindruck einer gefestigten Rechtsprechung des Bundesgerichtshofs[1] fanden in dem 1961 geschaffenen Bundesseuchengesetz[2] auch Bestimmungen über die Impfung und die Entschädigung von gesundheitsbeeinflussenden Impffolgen Aufnahme. Damit wollte der Gesetzgeber eine umfassende Regelung für die Impfentschädigung treffen[3]. Doch schon zehn Jahre später sah er sich zu einer grundlegenden[4] Novellierung dieser Bestimmungen veranlaßt[5].

Durch diese Novelle wird die Entschädigung für Impfschäden als Versorgung nach dem Bundesversorgungsgesetz gestaltet[6]. Mit dieser Neuregelung kommt der Impfung und der Entschädigung gesundheitsbeeinflussender Impffolgen wieder erhöhte Aufmerksamkeit zu. Damit ist Veranlassung gegeben, sowohl die Rechtmäßigkeit als auch die Zweckmäßigkeit der gegenwärtigen Regelung zu überprüfen, wobei auch Entwicklungen auf verwandten Gebieten Berücksichtigung finden müssen.

Voraussetzung dafür ist die Klärung der Frage, was eigentlich Impfung ist und welche Entwicklung zur Impfentschädigung und deren Ausgestaltung im heutigen Recht geführt hat.

---

[1] BGHZ 9, 83 ff.; BGHZ 24, 45 ff.; BGHZ 31, 187 ff.
[2] Vom 18. Juli 1961, BGBl I, S. 1012, berichtigt BGBl I, S. 1300.
[3] BT-Drucksache VI/1568, S. 6.
[4] Das erste Gesetz zur Änderung des Bundesseuchengesetzes (vom 23. Januar 1963, BGBl I, S. 57) ergänzte die Impfungen betreffenden Bestimmungen des Gesetzes um die Regelungen der damaligen §§ 14 a und 51 Abs. 4; sie betrafen die Impfung bzw. die Beweislast bei der Entschädigung von Impfschäden, die als Folge von Poliomyelitisimpfungen mit lebenden Erregern auftraten.
[5] Zweites Gesetz zur Änderung des BSeuchG vom 25. August 1971, BGBl I, S. 1401.
[6] Vgl. § 51 Abs. 1, S. 1 BSeuchG n. F.

II. Impfung

1. Geschichtliche Entwicklung

Durch Jenners Entwicklung der Impfung vor rund 200 Jahren[1] wurde dieses medizinische Verfahren zur Immunisierung öffentlich bekannt.

Die Entwicklung einer wirksamen Pockenprophylaxe veranlaßte die Staaten Europas im Laufe des 19. Jahrhunderts, dieses System zu nutzen. Schon 1805 machte Spanien durch eine Verordnung des Königs Carlos IV. als erstes Land die Pockenschutzimpfung zur Pflicht[2]. Wenig später befahl auch Napoleon die Pflicht-Impfung für alle Soldaten ohne Pockennarben[3]. In Deutschland führte als erstes Bayern 1807[4] durch Gesetz eine obligatorische Impfung der Kinder im ersten Lebensjahr ein. Ihm folgte 1815 mit der Einführung obligatorischer Impfung in gleicher Frist Baden; auch Hessen, das Großherzogtum Sachsen, Oldenburg, Braunschweig, Sachsen-Meiningen, Anhalt, Schwarzburg-Rudolstadt, Hamburg hatten ähnliche Bestimmungen getroffen[5]. In Preußen war die Pockenimpfung im Heer seit 1826[6], die Wiederimpfung seit 1834[7] obligatorisch.

Demgegenüber enthielt das preußische Regulativ für ansteckende Krankheiten von 1835[8] nur eine dringende Empfehlung der Impfung. Es sah eine Impfpflicht allerdings auch vor, jedoch nur für den Fall einer Pockenepidemie. Um aber in den Genuß wohltätiger preußischer Staatsinstitutionen zu kommen, mußte eine Impfung nachgewiesen werden[9].

---

[1] Nach Heun § 2, S. 4: 1772; nach Sahm S. 5: 1796; Kastner § 2, S. 9 weist nur darauf hin, daß Jenner „seit 1772 als Arzt in seiner Heimatstadt tätig war". Jenners Verfahren basierte auf der Erkenntnis, daß die auf Melker übertragene Kuhpocken-Erkrankung diesen Melkern Schutz vor einer Ansteckung durch Pocken hinterließ. Diese Erkenntnis war im übrigen schon in China vor über 3000 Jahren bekannt.

[2] Verordnung vom 1. April 1805, nachgewiesen bei Petzelt-Hohberg in Spiess S. 319 (2. Aufl.).

[3] Spiess S. 319 (2. Aufl.).

[4] Siehe Kastner § 2, S. 11; von der Vecht § 1, S. 11.

[5] Siehe Kastner § 2, S. 11.

[6] GS 1826, S. 1039.

[7] GS 1834, S. 119.

[8] GS 1835, S. 240.

[9] Vgl. hierzu besonders § 54 bis § 56 des preußischen Regulativs (GS 1835, S. 240).

1. Geschichtliche Entwicklung

Trotz dieser indirekten Methoden muß von einer „de-facto-Einführung"[10] der Impfverpflichtung gesprochen werden; denn während das Regulativ die Bestrafung des Impfentzuges nicht vorsah, bestimmte sein § 54 Abs. 1 für den Fall, daß später eine Erkrankung auftrat, eine Polizeistrafe für Eltern und Vormünder, deren Kinder und Pfleglinge bis zum Ablauf des ersten Lebensjahres ungeimpft waren.

Unter dem Eindruck der nach dem Krieg 1870/71 in Deutschland ausbrechenden Pockenepidemien[11] verlangte der Reichstag in einem Beschluß[12] die „baldige einheitliche Regelung des Impfwesens für das deutsche Reich". Umfangreiche Vorarbeiten[13] waren nötig, ehe das Reichsimpfgesetz vom 8. April 1874[14] zustandekam, das die Pflichtimpfung für Pocken vorsieht. Neben dem Eindruck, den die hohe Zahl der Epidemie-Opfer in der Öffentlichkeit hinterließ, war die Annahme des Gesetzes trotz des heftigen Widerstandes der „Impfgegner" im Reichstag[15] schließlich mit darauf zurückzuführen, daß man in der Frage der Erzwingung der Impfung einen Weg fand, der dem Zwang zur Impfung die Schärfe nahm. Den unmittelbaren Zwang, d. h. die unmittelbare Erzwingung der Impfung, die zum Prüfstein des Gesetzes zu werden drohte, ließ man auf sich beruhen und sah im Impfgesetz als Mittel zur Erzwingung der Impfung nur eine Bestrafung der Eltern vor, die eine Impfung ihres Kindes verweigerten[16]. Insofern ist eine Anlehnung an die oben geschilderte Regelung Preußens im Regulativ für ansteckende Krankheiten von 1835[17] unverkennbar. Dabei ist jedoch als Unterschied hervorzuheben, daß nach der preußischen Regelung nicht schon der Impfentzug bestraft wurde, sondern eine Bestrafung erst für den Fall drohte, daß ein nicht geimpftes Kind später an Pocken erkrankte.

Kurze Zeit nach der Verkündung erließen die deutschen Bundesstaaten dazu die notwendigen Ausführungsbestimmungen[18].

---

[10] So Heun § 2, S. 6.
[11] Dabei starben in Preußen 129 148, in Bayern 8 062 Menschen (Angaben nach Heun § 2, S. 7 Anm. 2). Nach Angaben des Reichsgesundheitsamtes forderten die Epidemien bis 1873 mehr als 175 000 Tote im ganzen Reichsgebiet, s. dazu auch Petzelt-Hohberg in Spiess S. 338 (2. Aufl.).
[12] Beschluß vom 23. April 1873; Stenographische Berichte des Reichstages 1873, S. 281 f.
[13] Vgl. dazu bei Heun § 2, S. 7; Kastner § 3, S. 13 ff. und im einzelnen: Drucksachen des Reichstags 1874 Nr. 7; Stenogr. Bericht des Reichstags 1874, S. 226 bis 272; 264 bis 268 und Seite 352 bis S. 354.
[14] RGBl I, S. 31 f.
[15] Vgl. Stellungnahme der Abg. Dr. Reichensperger und Reimer, RT-Berichte 1874, S. 105—109, und Abg. Reimer und Windhorst, S. 228 u. S. 353.
[16] Vgl. im einzelnen zur Entstehungsgeschichte insbesondere Kastner § 3, S. 13 ff. (14—17) und Heun § 2, S. 7.
[17] GS 1835, S. 240.
[18] Eine Aufzählung verlohnt nicht, da diese Ausführungsbestimmungen nicht mehr in Kraft sind. Erwähnt sei hier nur das preußische Ausführungs-

2. Definition

Seit Jenner sind die medizinischen Kenntnisse in einer Fülle von Verfahren weiterentwickelt worden. Noch ist ein Ende dieser Entwicklung nicht absehbar[19]. Die medizinische Wissenschaft kennt verschiedene Impfverfahren: Es gibt die aktive Immunisierung durch Impfstoffe und die passive Immunisierung durch Sera[20], sowie als Kombination beider Arten die Simultanimpfung[21].

Obwohl mit Schaffung des Reichsimpfgesetzes seit nahezu 100 Jahren einheitliche gesetzliche Impfbestimmungen vorliegen, fehlt es bisher an einer eindeutigen juristischen Definition des Begriffs „Impfung". Das ist ganz offenbar Folge der mangelnden eindeutigen medizinischen Abgrenzung des Impfbegriffs. Trotzdem sind rechtswissenschaftliche Bemühungen um eine Begriffsbestimmung nicht ausgeblieben[22]. Diese Definitionen gehen jedoch lediglich von der Pockenschutzimpfung aus, des einzigen damals über den Bereich der medizinischen Wissenschaft hinaus bekannten Impfvorgangs[23]. Auch das neueste Impfungen betreffende Gesetz, das Bundesseuchengesetz[24], enthält keine Begriffsbestimmung.

Obschon es an einer gesetzlichen Definition des Impfbegriffes fehlt, haben in neuerer Zeit wenigstens beide medizinischen Prinzipien eine gesetzliche Verankerung gefunden. § 3 des Arzneimittelgesetzes[25] unterscheidet im Anschluß an diese beiden Prinzipien die Sera (Mittel der passiven Immunisierung) von den Impfstoffen (Mittel der aktiven Immunisierung). Dieser aus den Erkenntnissen der medizinischen Wissenschaft abgeleiteten Unterscheidung folgen auch Seyffertitz-Tomaschewski[26]. Danach schaffen Schutzimpfungen künstlich eine aktive Infektabwehr-Immunität, bei der die betreffenden Erreger oder ihre Gifte dem Körper in für ihn, aber auch für seine Umgebung unge-

---

gesetz vom 12. April 1875 (GS 1875, S. 191) und die dazu erlassene Ausführungsverordnung vom 19. April 1875 (MinBl f. d. inn. Verw. 1875, S. 99).

[19] Hartung-Raettig S. 59.
[20] Hartung-Raettig S. 59; vgl. auch Spiess S. 6—8.
[21] Hartung-Raettig S. 59.
[22] Heun § 2, S. 4; Fleischmann-Solbrig, 2. Bd. S. 425, Sp. 1; von der Vecht § 1, S. 9.
[23] von der Vecht (§ 1, S. 9) schreibt: „Unter Impfung versteht man die Übertragung von Pockenlymphe auf Menschen zum Schutz gegen Blattern"; Dütschke (§ 2, S. 12) definiert: „Impfung ist eine ärztliche Tätigkeit, bestehend in der Übertragung eines von Tieren (meistens Kälbern) gewonnenen Stoffes (Lymphe) auf den menschlichen Körper, um diesen gegen Erkrankung an Blattern oder Pocken zu sichern."
[24] Vom 18. Juli 1961, BGBl I S. 1012.
[25] Vom 16. Mai 1961, BGBl I S. 533.
[26] Kommentar zum BSeuchG.

2. Definition

fährlicher Form einverleibt werden[27]. Zur Begründung dafür, daß sie die passive Immunisierung „in der Regel" nicht als Schutzimpfung ansehen, führen die Kommentatoren aus, daß die vom fremden Blut oder Serum stammenden Immunstoffe nach wenigen Tagen oder Wochen wieder ausgeschieden sind[28].

Sicher ist, daß bei einer juristischen Abgrenzung des Impfbegriffs von den Erkenntnissen der Medizin ausgegangen werden muß; denn die Impfung ist zunächst einmal ein medizinischer Vorgang, mit dem die Immunisierung des menschlichen Körpers gegen eine bestimmte Krankheit erreicht werden soll. Trotz einzelner Ausklammerungsbemühungen hinsichtlich des Verfahrens der passiven Immunisierung versteht jedoch mittlerweile der allgemeine medizinische Sprachgebrauch alle gegenwärtig gängigen Immunisierungsverfahren als Impfung[29].

Aus diesem Grunde sollte eine Begriffsbestimmung der Impfung dahin getroffen werden:

Impfung ist die auf medizinischem Wege vollzogene Einführung von Sera oder Impfstoffen in einen menschlichen oder tierischen Organismus zum Zwecke der Immunisierung, d. h. zur Abwehr einer Infektionskrankheit werden passiv Schutzstoffe übertragen, oder der Körper wird zur aktiven Bildung von Schutzstoffen veranlaßt.

Rechtliches Interesse gewann die Impfung aber erst, als Gesundheitsschäden als Folge der Impfung bei Personen auftraten, deren Impfung staatlich angeordnet war. Es stellte sich die Frage, ob der einzelne für die durch den staatlichen Eingriff erlittene Schädigung seiner Gesundheit einen geldwerten Ausgleich beanspruchen kann.

---

[27] Seyffertitz-Tomaschewski, Erl. zu § 14 bis § 16, S. 86.
[28] Seyffertitz-Tomaschewski, Erl. zu § 14 bis § 16, S. 87.
[29] So Spiess S. 3; ders. 2. Aufl., S. 7; Hartung-Raettig S. 59; Hartung, 2. Aufl., S. 37.

III. Geschichtliche Entwicklung des Aufopferungstatbestandes bei Impfschäden bis 1961

1. Die wohlerworbenen Rechte (iura quaesita) und das ius eminens

Der Gedanke, daß der Staat bei Eingriffen in das *Vermögen* für das dem einzelnen auferlegte Opfer Entschädigung leisten muß, reicht weit zurück.

Der Landesherr ist nach naturrechtlicher Lehre zunächst nicht nur mit den Rechten eines jeden Menschen, sondern mit zusätzlichen Rechten ausgestattet, welche ihn in die Lage versetzen, an der Spitze eines Gemeinwesens zu stehen und es zu führen[1]. Dabei handelt es sich um ein Büschel ihm von seinen Untertanen nach und nach übertragener Befugnisse, denen eine noch stark zivilrechtliche Vorstellung anhaftet[2]. Diese Rechte sind nötig, um das gemeine Wohl zu verfolgen (iura regalia)[3]. Daneben entwickelt sich für besondere Notfälle oder sonst außergewöhnliche Tatbestände ein besonderes Eingriffsrecht des Landesherrn mit der Bezeichnung Staatsnotrecht oder ius eminens[4]. Allgemein fanden die landesherrlichen Befugnisse an den wohlerworbenen Rechten (iura quaesita, iura singulorum) der Untertanen ihre Grenze[5]. Mit Hilfe des ius eminens konnte der Landesherr jedoch auch in wohlerworbene Rechte eingreifen[6], insoweit allerdings nur gegen Entschädi-

---

[1] Otto Mayer, Verwaltungsrecht, S. 27.

[2] Vgl. Otto Mayer, Verwaltungsrecht, S. 27, 29; ferner Jellinek, Verwaltungsrecht, S. 83, der auf die naturrechtliche Lehre von dem staatsgründenden Vertrage hinweist; s. a. Fleiner, Institutionen, S. 29, der aber nur darauf verweist, daß nicht zwischen Privatrecht und öffentlichem Recht unterschieden wurde.

[3] Otto Mayer, Verwaltungsrecht, S. 33.

[4] Zachariä, Deutsches Staats- und Bundesrecht, zweite Abtheilung, S. 150; Weiß, System des deutschen Staatsrechts, § 250, S. 500. Andere Bezeichnungen für dasselbe Recht des Landesherrn lauten potestas, imperium oder dominium eminens; vgl. Otto Mayer, Verwaltungsrecht, S. 33; über die Abgrenzung zum Polizeirecht (ius politiae) vgl. Jellinek, Verwaltungsrecht, S. 83.

[5] Otto Mayer, Verwaltungsrecht, S. 32, 33. Das betraf sogar die Gesetzgebung, vgl. Weiß, System des deutschen Staatsrechts, § 306, S. 664.

[6] Zachariä, Deutsches Staats- und Bundesrecht, zweite Abtheilung, § 127, S. 91, 94; Weiß, System des deutschen Staatsrechts, § 250, S. 499, 500; Otto Mayer, Verwaltungsrecht, S. 33.

gung⁷. Die wohlerworbenen Rechte (iura quaesita) beruhen auf einem speziellen Rechtstitel⁸ und stehen neben den angeborenen Rechten wie Leben, Freiheit und Ehre⁹. In angeborene Rechte durfte nach der Anschauung im Patrimonialstaat in der Regel nur im Rahmen des staatlichen Rechts auf Strafe eingegriffen werden[10]. Es wurde allgemein also eine Trennung zwischen angeborenen und erworbenen Rechten vorgenommen und die Entschädigungspflicht für Eingriffe in die erworbenen Rechte vorgesehen. Bereits frühzeitig hat jedoch Zachariä[11] erkannt, daß das ius eminens nicht nur in iura quaesita, sondern auch in „die s. g. natürliche und die persönliche Freiheit einer Mehrzahl von Unterthanen" eingreifen kann. Er nennt sogar Maßnahmen der Staatsgewalt zur Verhinderung der weiteren Verbreitung einer pestartigen Seuche[12]. Die Folgerung, daß auch bei Eingriffen in angeborene Rechte Entschädigungen zu leisten seien, zieht er allerdings noch nicht[13]. Immerhin wurde damals bereits die Möglichkeit von Sondereingriffen in angeborene Rechte gesehen.

2. §§ 74, 75 EinlALR

Nach dem Patrimonialstaat kommt der Polizeistaat[14]. Die Notwendigkeit der Begründung eines besonderen ius eminens fällt weg. Der Landesherr handhabt die Polizeigewalt nunmehr nach freiem Ermessen zur Förderung des gemeinschaftlichen Wohls. Was früher über das

---

[7] So schon Hugo Grotius, De Iure Belli ac Pacis, Lib II Cap XIV, § VII, p. 295: „Sed hoc quoque sciendum est, posse subditis *ius etiam quaesitum* auferri per regem duplici modo, aut in poenam, aut ex vi supereminentis dominii ... deinde, ut, si fieri potest, *compensatio fiat* ei qui suum amisit, ex communi." (Hervorhebung v. Verf.) Sowie ferner Häberlein, Handbuch des Teutschen Staatsrechts, zweiter Band, § 260, S. 291, 293; Zachariä, Deutsches Staats- und Bundesrecht, erste Abtheilung, § 65, S. 243 mit Hinweisen auf die einzelnen Verfassungsurkunden und zweite Abtheilung, § 142, S. 157, 158.

[8] Häberlein, Handbuch des Teutschen Staatsrechts, Erster Band, § 119, S. 382; Georg Meyer, Staat und erworbene Rechte, S. 8; Otto Mayer, Verwaltungsrecht, S. 31 mit Nachweisen.

[9] Zachariä, Deutsches Staats- und Bundesrecht, zweite Abtheilung, § 127, S. 91; Georg Meyer, Staat und erworbene Rechte, S. 7.

[10] Zachariä, Deutsches Staats- und Bundesrecht, zweite Abtheilung, § 127, S. 91. Insoweit war es unvollständig, wenn Georg Meyer, Staat und erworbene Rechte, S. 7, sagte, die angeborenen Rechte dürften *gar nicht* entzogen werden, denn Eingriffe waren seit Alters her zulässig.

[11] Zachariä, Deutsches Staats- und Bundesrecht, zweite Abtheilung, § 141, S. 152.

[12] Zachariä, § 141, S. 152 in der Fußnote 3.

[13] Vgl. Zachariä in § 142, S. 157, 158, wo die Entschädigungspflicht nur für den Fall der Entziehung von Privateigentum behandelt wird.

[14] Vgl. zum folgenden Stödter, Öffentlich-rechtliche Entschädigung, S. 60 f.

ius eminens möglich war, kann er jetzt über das ius politiae (Polizeirecht) durchsetzen und erreichen[15]. Allerdings bestand die Pflicht des Staats auf Entschädigung des Individuums[16], das „seine besonderen Rechte und Vorteile dem Wohle des gemeinen Wesens aufzuopfern genötigt wird". Insoweit sind die §§ 74, 75 EinlALR Ausdruck der polizeistaatlichen Auffassung: Vorrang des gemeinsamen Wohls. Die Entschädigungspflicht des Staates wird über die Fiskustheorie nunmehr zivilrechtlich begründet[17]. Da man gegen den Staat selbst nicht vorgehen kann, nimmt man sich den Fiskus, um bei ihm zu liquidieren, was man zuvor erdulden mußte[18]. Dabei ist die Stellung der §§ 74, 75 in der Einleitung des Preußischen Allgemeinen Landrechts hervorzuheben: Die Einleitung ist in zwei Abschnitte unterteilt, die die Titel tragen: „Von den Gesetzen überhaupt" und „Allgemeine Grundsätze des Rechts". Zu letzterem Abschnitt gehören die §§ 74, 75 EinlALR, über denen die Unterüberschrift „Verhältnis des Staats gegen seine Bürger"[19] steht. Der Entschädigungsanspruch war also mit der Hereinnahme in die Einleitung herausgehoben worden, weil er schon nach damaliger Auffassung des Gesetzgebers ein allgemeiner Grundsatz des Rechts war. Dies entsprach der historischen Entwicklung, in der sich der Kampf zwischen den iura quaesita und dem ius eminens vollzogen hatte. §§ 74, 75 EinlALR stellen bereits einen rechtsstaatlichen Leitgrundsatz[20] dar und sind somit ein Vorläufer des Art. 9 der oktroyierten Preußischen Verfassungsurkunde vom 31. Januar 1850[21]. Durch § 75 EinlALR war für das Rechtsgebiet des Preußischen Allgemeinen Landrechts der Aufopferungsanspruch für durch rechtmäßige Betätigung der Staatsgewalt erlittenen Schaden gesetzlich normiert.

Die allgemeine Kabinettsordre vom 4. Dezember 1831[22] schränkte den Umfang der Entschädigungsnorm des § 75 EinlALR ein. Vor Erlaß der Verfassung von 1848 war in Preußen der König befugt, Recht zu

---

[15] Vgl. Stödter, S. 60, Fußnote 1.
[16] Zu der Frage, ob ein derartiger Anspruch vor Geltung des ALR etwa gewohnheitsrechtlich galt, vgl. Anschütz, Verw. Arch. 5 (1897) 1, (54, 66, 67, 74) gegen H. Grotius; in jüngerer Zeit, Schack, Gutachten, S. 10, insbes. Anm. 20.
[17] Otto Mayer, Verwaltungsrecht, S. 53.
[18] Otto Mayer, Verwaltungsrecht, S. 53.
[19] Vgl. Rehbein/Reincke, ALR, Band I, S. 116.
[20] Janssen, Aufopferung, S. 23.
[21] GS 1850, S. 17, abgedruckt in: Quellen zum Staatsrecht der Neuzeit, Bd. I, 1949, S. 210. Art. 9: „Das Eigenthum ist unverletzlich. Es kann nur aus Gründen des öffentlichen Wohles gegen vorgängige in dringenden Fällen wenigstens vorläufig festzustellende Entschädigung nach Maßgabe des Gesetzes entzogen oder beschränkt werden."
Vgl. Hans Schneider, Ev. Staatslexikon, Art. Preussen, S. 1607, 1610 f. und die Vorbemerkungen bei Dürig/Rudolf, Texte zur deutschen Verfassungsgeschichte, 1967, S. 91.
[22] GS 1831, S. 255.

setzen[23]. Da er dabei an keine Formen gebunden war, konnte eine königliche Kabinettsordre durch entsprechende Veröffentlichung gemäß § 10 EinlALR als Gesetz gültig werden[24]. Indem die Kabinettsordre vom 4. Dezember 1831 in der preußischen Gesetzessammlung veröffentlicht wurde, könnte sie als das jüngere Gesetz die Bestimmungen eines älteren Gesetzes, nämlich § 75 EinlALR, abändern. Die Kabinettsordre bestimmte, „daß, wenn das Interesse der Gesamtheit der Einwohner des Staates eine Einrichtung in der Verwaltung erfordert, die das Privateigentum des Einzelnen aus dem Gesamtvermögen zu leisten" sei. Diese Vorschrift wurde dahingehend ausgelegt, daß nur noch *Sachschäden* zu ersetzen seien, und solche auch nur, soweit sie durch Verwaltungsakt erfolgen[25]. Damit waren Ansprüche aus unmittelbar gesetzlichen Eingriffen nur gegeben, soweit dies besonders geregelt war[26]. Aufopferungsansprüche wegen anderer als Vermögensverletzungen, also insbesondere wegen Körperschäden, waren gänzlich ausgeschlossen[27]. Somit gewährte § 75 EinlALR nach 1831 nur noch Entschädigung für Sachschäden durch Verwaltungsakt[28]. Die historische Entwicklung der staatlichen Entschädigungspflicht in ihrer Trennung von angeborenen und erworbenen Rechten hat damit zur Folge, daß beginnend mit §§ 74, 75 EinlALR und weiterführend über Art. 9 preußVerf. von 1850 die staatliche Entschädigungspflicht ausdrücklich nur für Eingriffe in die erworbenen Rechte gesetzlich festgelegt wird. War nach dem Wortlaut des § 75 EinlALR eine Begrenzung auf erworbene Rechte zunächst noch nicht zwingend, so ergab sich diese Begrenzung schließlich aus der Allerhöchsten Kabinettsordre vom 4. Dezember 1831[29, 30]. Diese Begrenzung der staatlichen Entschädigungspflicht auf Eingriffe in das Eigen-

---

[23] Bornhak, Preussisches Staatsrecht, 1. Bd., S. 87.
[24] Bornhak, Preussisches Staatsrecht, 1. Bd., S. 91; vgl. auch Heuser, Diss., S. 35.
[25] Vgl. hierzu: Forsthoff, Lehrbuch, S. 303 f.; Janssen, Aufopferung, S. 24 unter Hinweis auf die Rspr des RG; Stödter, Öff. rechtl. Entschädigung, S. 66 f. Eingehend vgl. Anschütz, Verw Arch 5, 1 ff. (74 ff. 84 ff., insbes. S. 103 zur Beschränkung auf Privateigentum).
[26] Forsthoff, Lehrbuch, S. 303 f.
[27] Giese, Öffentlich-rechtliche Entschädigung für Aufopferung bei Impfschäden, S. 12.
[28] Janssen, Aufopferung, S. 24.
[29] GS 1831, S. 255, wo nach heutigem Sprachgebrauch der wesentliche Inhalt erst nach genauerer Lektüre des auf Seite 256 folgenden Berichts erkennbar wird. Vgl. auch die Erörterungen bei Anschütz, Verw Arch 5 (1897), 1, 74, 76 ff.
[30] Vgl. hierzu Forsthoff, Lehrbuch, S. 303 ff.; Janssen, Aufopferung, S. 24 unter Hinweis auf die Rechtsprechung des Reichsgerichts; Stödter, Öffentlich-rechtliche Entschädigung, S. 66 f. Vgl. auch eingehend Anschütz, Verw Arch 5 (1897), S. 1, 74 ff., 84 ff. insbes. S. 103 zur Beschränkung auf Privateigentum. Zur Rechtsprechung des Reichsgerichts insbes. RG B. v. 16. 11. 1937, GSZ 4/36, RGZ 156, 305 (310).

tum wird von da an in den nachfolgenden Verfassungen bis zum Grundgesetz fortgeführt[31].

Dieses inhaltliche Verständnis der Kabinettsordre ist nicht unangefochten geblieben. Von der Gegenmeinung wurde — allerdings erst nach dem Inkrafttreten des Grundgesetzes — geltend gemacht, die Kabinettsordre lasse Eingriffe in die körperliche Integrität außer Regelung, habe sie damit aber nicht etwa von der Entschädigungspflicht nach § 75 EinlALR ausgenommen[32].

3. Weimarer Verfassung

Art. 153 WV[33] schützte das Eigentum. Dem Wortlaut nach knüpfte diese Grundrechtsbestimmung, die — wie auch die übrigen Grundrechtsbestimmungen der Weimarer Reichsverfassung — lediglich Programmsatz und nicht unmittelbar geltendes Recht war[34], an die Tradition an[35]. Doch löste man sich im Schrifttum[36] von den durch die Kabinettsordre eingetretenen Beschränkungen bei der Auslegung des Eigentumsbegriffs, indem man dem Eigentum i. S. d. Art. 153 WV auch dingliche Rechte jeder Art und Forderungsrechte unterstellte[37]. Die Rechtsprechung des Reichsgerichts übernahm diese neue Auslegung bald[38].

Schon vorher hatte es dem Aufopferungsanspruch dadurch, daß es aus § 75 EinlALR einen allgemeinen Rechtsgedanken entwickelte[39], ein großes Anwendungsgebiet erschlossen, und auch solche Schädigungen unterstellt, die in früherer Zeit als nicht umfaßt angesehen wurden[40]. Es wurde die Auffassung aufgegeben, daß nur Eingriffe durch konkret-

---

[31] So Art. 9 preußVerf. v. 31. Januar 1850, GS S. 17; Art. 153 WRV v. 11. August 1919, RGBl. S. 1383; Art. 14 GG v. 23. Mai 1949, BGBl. S. 1.

[32] Das führte noch 1937 zur Ablehnung einer Entschädigung wegen Impfschadens durch den Großen Zivilsenat des RG, RGZ 156, 305 (310).

[33] Vom 11. August 1919, RGBl. 1383.

[34] Mangoldt-Klein Art. 14 Anm. II 5; Anschütz WRV Anm. 16 zu Art. 153, S. 721.

[35] Vgl. Art. 9 Preuß. Verf. von 1850 u. oben S. 15 ff.

[36] Martin Wolff, Reichsverfassung u. Eigentum, Berliner Festgabe für Wilhelm Kahl, 1923, S. 20 ff.

[37] Vgl. Forsthoff, Lehrbuch, § 17, 2, S. 305—307; s. a. Wolff, VerwR I § 62 II b), S. 465.

[38] RGZ 109, 310 (320); RGZ 111, 224 (226).

[39] Vgl. Schack, MDR 51, 263 (264); Siebert, DÖV 1951, 47; RGZ 64, 186; RGZ 122, 203; RGZ 139, 29; RGZ 145, 109; RGZ 154, 161; RGZ 156, 310, 68 und 134; RGZ 162, 359; RGZ 166, 239; RGZ 167, 25; RGZ 170, 44 KG (West) in SJZ 1950, Sp. 819 mit Anm. v. Coing.

[40] Vgl. Schack in VerwArch 40 (1935), S. 426 ff.; Schack in MDR 51, S. 263 (264).

individuellen Hoheitsakt entschädigungspflichtig seien, indem man für eine *Enteignung* auch Eingriffe durch Gesetz ausreichen ließ[41]. Während §§ 74, 75 EinlALR ein rechtmäßiges Handeln voraussetzten, wurde der Aufopferungstatbestand auch auf rechtswidrige Schädigungen erstreckt[42]. Indem der Enteignungsbegriff ausgeweitet und die Entschädigungspflicht der Verletzung von Eigentum statt wie bisher dem Allgemeinen Aufopferungsanspruch nunmehr Art. 153 WV unterstellt wurde, blieb für den Anwendungsbereich der Aufopferung aus der Sicht des Reichsgerichts kaum Raum[43]; denn nach Ansicht des Reichsgerichts konnte ein Aufopferungsanspruch — ebenso wie die Entschädigungspflicht bei der Enteignung — nie durch Eingriffe in immaterielle Güter ausgelöst werden und auch nicht durch einen vom Gesetzgeber selbst vorgenommenen Eingriff[44].

So lehnte denn auch das Reichsgericht eine Ausweitung des Art. 153 WV auf immaterielle, insbesondere Gesundheitsschäden als Folge einer Impfung, ab[45]. Normalerweise seien nämlich die Folgen der Impfung unschädlich. Eine unterschiedliche Lage trete erst ein, wenn in einem einzelnen Fall der Eingriff ausnahmsweise zu einer schweren Gesundheitsbeschädigung führe. Dies sei aber ein zufällig eintretender Umstand, der das Dulden des Eingriffs nicht nachträglich als ein besonderes Opfer erscheinen lasse, das der Betroffene zum Besten der Allgemeinheit zu bringen genötigt wäre. Maßgeblich war letztlich der Gedanke, daß die Entschädigungspflicht wegen der Opferpflicht zurücktreten müsse[46].

4. Grundgesetz

Der Bundesgerichtshof hat in einer Grundsatzentscheidung[47] den Enteignungstatbestand des Art. 14 GG gegenüber der Aufopferung abgegrenzt. Als „technische Enteignung" werden die rechtmäßige Enteignung (Art. 14 GG) und die rechtswidrige Enteignung (= enteignungsgleicher Eingriff) zusammengefaßt. Da als Eingriffsobjekt bei der Enteignung auch nach der Rechtsprechung des Bundesgerichtshofs nur

---
[41] So RGZ 103, 200 (201); RGZ 109, 310 (317 f.).
[42] Seit RGZ 140, 276 (281).
[43] Vgl. Schack, MDR 51, 263 (264), Anm. 6.
[44] RGZ 156, 305 (310).
[45] Vgl. vor allem die Impfentscheidung RGZ 156, 305 und vorher schon RGZ 103, 423 (426) und 122, 298 (302). Zum Entwicklungsgang vgl. Schack, Gutachten, S. 27.
[46] Vgl. dazu Nebinger, Verwaltungsrecht, S. 332, Anm. 23; gegen diese Entscheidung Esser in DR 1938, 195; Weber ZAKDR 1938, 136; Schack, VerwArch 44, 123, dafür aber Hofacker RVerwBl 1940, 69.
[47] BGHZ 6, 270.

vermögenswerte Rechtsgüter in Betracht kommen, bleibt für die Aufopferung nur der neben der technischen Enteignung freie Raum, also der Eingriff in nichtvermögenswerte Rechtspositionen.

Darüber hinaus wurde in einer weiteren Entscheidung[48] das Merkmal des Verschuldens als für den Aufopferungstatbestand unwesentlich erklärt.

Nach einer ersten Entscheidung des Kammergerichts West[49] und einer weiteren vom OLG Schleswig[50] stellte der Bundesgerichtshof in einem Urteil vom 14. Juli 1952[51] — allerdings nur beiläufig — fest, daß die einen allgemeinen Rechtsgedanken aussprechenden Bestimmungen der §§ 74, 75 EinlALR auch Gesundheitsschäden umfassen.

In einer eingehenden Auseinandersetzung mit der bisherigen ständigen Rechtsprechung des Reichsgerichts kam der Bundesgerichtshof dann in seinem grundlegenden Impfurteil[52] zu dem Ergebnis, daß auch Körperschäden unter den Aufopferungsanspruch einzubeziehen seien. Als Hauptbegründung diente insoweit der Gleichheitssatz[53] mit der Bemerkung, Leben und körperliche Unversehrtheit (Art. 2 GG) könnten hinsichtlich ihrer Schutzwürdigkeit nicht hinter den vermögenswerten Rechten (Art. 14 GG) zurückstehen. Leben und körperliche Unversehrtheit wurden als der Rechtsordnung vorgegebene Rechte begriffen und daher erst recht für schutzwürdig gehalten[54]. Die für die Enteignung vom Bundesgerichtshof[55] entwickelte Sonderopfertheorie, nach der der Eingriff den einzelnen oder Gruppen im Vergleich zu anderen ungleich und dadurch besonders treffen und ihn damit zu einem besonderen, den übrigen nicht zugemuteten Opfer für die Allgemeinheit zwingen muß, wird für die Aufopferung übernommen[56]. Insbesondere die Impfung ist eine Verletzung der körperlichen Integrität (Art. 2 Abs. 2 GG). Grundlage der Ersatzpflicht ist aber nicht die Impfung selbst, weil sie in den Kreis der allgemeinen sozialen Bindung fällt[57]. Vielmehr ist die Grundlage der Ersatzpflicht der Vermögensschaden, der als Folge der Krankheit auftritt[58]. Dieser Schaden ist für den Betroffenen im Vergleich zu

---

[48] BGHZ 7, 296.
[49] SJZ 1950, Sp. 819.
[50] NJW 1951, 605.
[51] BGHZ 7, 96 ff.
[52] BGHZ 9, 83.
[53] Und zwar unter Heranziehung der Entscheidung BGHZ 7, 96 (99, 100).
[54] BGHZ 9, 83 (89); ebenso vorher KG West SJZ 1950, 819 (821).
[55] BGHZ 6, 270 (280); BGHZ 13, 265 (319); BGHZ 27, 15; Menger VVDStRL 15, 3 ff.; Stödter, DÖV 1953, 97 ff., 136 ff.; Kröner DRiZ 1960, 422.
[56] BGHZ 9, 83 ff.
[57] Kleinhoff, DRiZ 1957, 225 ff.
[58] Janssen, Aufopferung, S. 74 f.

4. Grundgesetz

anderen, die der Impfpflicht unterliegen, die aber nicht krank geworden sind, ein ihn allein und besonders treffender Nachteil[59]. Ersetzt wird nach der ständigen Rechtsprechung des Bundesgerichtshofs[60] jedoch nicht der gesamte Schaden, sondern es wird nur eine angemessene Entschädigung gewährt. Einen Ausgleich für immaterielle Nachteile hat der Bundesgerichtshof[61] ausdrücklich abgelehnt.

---

[59] So auch Schack, Gutachten, S. 27.
[60] BGHZ 9, 83 (89); BGHZ 13, 88 (91); BGHZ 29, 217 (219).
[61] BGHZ 20, 61 (68 ff.).

IV. Aufopferung — aufopferungsgleicher Eingriff

Nach Inkrafttreten von Art. 14 GG bleibt also als Domäne des Aufopferungsanspruchs nach heute h. M. der Opferausgleich für Vermögensschäden, die infolge einer Verletzung eines immateriellen Gutes aufgetreten sind[1]. Der Aufopferungsanspruch greift also insbesondere bei Körperschäden ein. Denn selbst bei großzügigster Auslegung des Art. 14 Abs. 1 S. 1 GG können immaterielle Güter wie Gesundheit und Freiheit u. ä. nicht als Eigentum bezeichnet werden. Insoweit kommt der durch die Spezialregelung des Art. 14 GG[2] nicht verdrängte Aufopferungsanspruch auch heute noch zum Tragen. Unerheblich ist, ob die Schädigung durch rechtmäßige oder rechtswidrige, schuldhafte oder schuldlose Eingriffe[3] herbeigeführt wurde[4]. Der allgemeine Aufopferungsanspruch entsteht also dann, wenn folgende Tatbestandsmerkmale erfüllt sind:

1. eine hoheitliche Maßnahme, die rechtmäßig oder rechtswidrig sein kann,
2. eine Beeinträchtigung eines nicht vermögenswerten Rechtes durch diese Maßnahme,
3. ein in dieser Rechtsbeeinträchtigung liegendes Opfer zugunsten der Allgemeinheit,
4. dieses Opfer muß ein „besonderes" sein.

Angesichts der von der Rechtsprechung des Bundesgerichtshofes vorgenommenen terminologischen Unterscheidung zwischen Enteignung und enteignungsgleichem Eingriff stellt sich die Frage, ob für den Bereich der Aufopferung eine entsprechende Auffächerung ratsam wäre.

Während schon das Reichsgericht[5] rechtswidrig verursachte Sonderopfer für entschädigungspflichtig erklärt hatte, diese aber sämtlich der

---

[1] Vgl. Bauschke-Kloepfer, NJW 71, 1233 (1236), insbes. Anm. 49.
[2] Wolff, VerwR I, § 60 I 3, S. 454.
[3] Der BGH (37, 44 [47]) läßt es für die Annahme eines Eingriffs im enteignungsrechtlichen Sinn ausreichen, daß eine hoheitliche Maßnahme „unmittelbar" Auswirkungen auf das Eigentum in allen seinen Ausstrahlungen hat; vgl. ferner zur Problematik des Eingriffs: Wagner in NJW 1966, S. 569.
[4] Vgl. Horst, Querverbindungen, S. 60.
[5] RGZ 140, 276.

IV. Aufopferung — aufopferungsgleicher Eingriff

Aufopferung zuordnete, prägte der Bundesgerichtshof[6] den Begriff des „enteignungsgleichen Eingriffs" für solcher Opfer, die sich, wären sie rechtmäßig, als Enteignung darstellen würden. Die vom Bundesgerichtshof gewählte Terminologie läßt sofort Rückschlüsse auf die materielle Grundlage des Eingriffs zu, nämlich ob er rechtswidrig oder rechtmäßig war. Denkbar ist ein solcher Fall rechtswidrigen Eingriffs auch im Bereich der Aufopferung, wenn etwa bei einer Pockenschutzimpfung nach Reichsimpfgesetz[7] diese nicht von dem nach § 8 des Gesetzes allein dafür zuständigen Arzt vorgenommen wird und somit der Eingriff gesetzes- und damit rechtswidrig wäre. Würde im Bereich der Aufopferung die terminologische Differenzierung des Enteignungsrechts gelten, so wäre in diesem Fall von einem „aufopferungsgleichen Eingriff" zu sprechen.

Der Bundesgerichtshof hat eine solche Unterscheidung in der Terminologie bei der Aufopferung bisher nicht gemacht. Das wird darauf zurückzuführen sein, daß sich die Regel des Art. 14 GG ausdrücklich nur auf rechtmäßige Eingriffe erstreckt und daher bei einer Erweiterung der Entschädigungspflicht auf rechtswidrige Eingriffe eine direkte Anwendung der Bestimmung nicht in Betracht kam, was dann auch eine terminologische Unterscheidung nahelegte. Für die Aufopferung hingegen fehlt es im heutigen Recht an einer positiven Bestimmung, die sich nur auf rechtmäßige Eingriffe erstreckt.

Trotzdem wird im Schrifttum[8] vereinzelt von einem „aufopferungsgleichen Eingriff" gesprochen. Schäfer[9] erläutert den Begriff nur und spricht sich damit ebenso wie Bender[10], Bettermann[11] und Kuschmann[12], die allerdings auf weitere Erläuterungen verzichten, wohl konkludent für eine Auffächerung aus; Horn[13] umschreibt den Tatbestand des aufopferungsgleichen Eingriffs ausführlich und setzt sich aus Gründen der Systemgerechtigkeit ausdrücklich für ihn ein. Auch Hans Schneider[14], der ansonsten eine von der herrschenden Meinung abweichende

---

[6] BGHZ 6, 270 ff.

[7] Vom 8. April 1874, RGBl. S. 31, BGBl. III Sachgebiet 2, Verwaltung Nr. 2126—5, Stand: 15. Oktober 1961.

[8] Bettermann, Schutz, III 2, S. 856; Bender, S. 34, Anm. 43; Egon Schneider, S. 104; Staudinger-Schäfer, BGB Bd. 2, 5. Teil, Vorbem. vor § 839, Anm. 16, 16 a, 22 a, 24; § 839 Anm. 28; Hans Schneider in Kreft, Aufopferung und Enteignung, S. 32; Rüfner, 49. DJT E 33 und E 48.

[9] Schäfer in Staudinger, Vorbem. vor § 839 Anm. 16, 16 a, S. 176.

[10] Bender, S. 34, Anm. 43.

[11] Bettermann, Schutz, III 2, S. 856.

[12] Kuschmann in NJW 1966, 574 (574).

[13] Horn, Diss., S. 200 ff.

[14] Hans Schneider in Kreft, Aufopferung und Enteignung, S. 32.

Unterscheidung zwischen Aufopferung und Enteignung vornimmt, tritt für eine begriffliche Auffächerung zwischen Aufopferung und aufopferungsgleichem Eingriff ein. Demgegenüber vertritt Egon Schneider[15] die Ansicht, daß diese Auffächerung einen praktischen Nutzen wohl kaum brächte[16].

Die Übernahme des Begriffs „aufopferungsgleicher Eingriff" hätte den Vorteil systematischer Klarstellung, daß auch rechtswidrige Eingriffe den Anspruch auf Aufopferungsentschädigung nach sich ziehen. Durch die Auffächerung auch für den Bereich der Aufopferung können die für Enteignung und enteignungsgleichen Eingriff entwickelten Grundsätze auch hier verwendet werden. Dadurch wird eine systematische Abrundung der verschiedenen öffentlich-rechtlichen Entschädigungsansprüche erreicht. Unter Berücksichtigung der Amtshaftungsansprüche aus § 839 BGB/Art. 34 GG ergibt sich folgender Überblick:

	schuldlos rechtmäßiger Eingriff	schuldlos rechtswidriger Eingriff	schuldhaft rechtswidriger Eingriff
Eingriff in Leben/Gesundheit	Aufopferung	aufopferungsgleicher Eingriff	§ 839 BGB/Art. 34 GG u. aufopferungsgleicher Anspruch (Bettermann Grundrechte III/2 S. 856)
Eingriff in vermögenswerte Rechte	Enteignung Art. 14 GG	enteignungsgleicher Eingriff Art. 14 GG analog	§ 839 BGB/Art. 34 GG u. enteignungsgleicher Eingriff (BGHZ 13/88)
Sonstige Beschädigungen			§ 839 BGB/Art. 34 GG

Dem Vorteil systematischer Bereinigung stehen freilich erhebliche Nachteile gegenüber. Die Enteignung ist in Art. 14 GG ausführlich geregelt. Eine Subsumtion rechtswidriger Eingriffe direkt unter diese Bestimmung läßt der eindeutige Wortlaut des Art. 14 GG nicht zu. Vielmehr war nur eine analoge Anwendung möglich, was dann zu der Bezeichnung enteignungsgleicher Eingriff führte[17].

Anders ist es bei der Aufopferung, die als solche ausdrücklich nirgends geregelt ist. Ihre heutigen Tatbestandsmerkmale[18] wurden — wie ge-

---

[15] Egon Schneider, S. 104.
[16] So wohl auch Wagner (NJW 1966, 569 [569]), der den Begriff nicht selbst verwendet, aber darauf hinweist, daß diese Auffächerung von manchen vorgenommen wird.
[17] BGHZ 6, 270 ff.
[18] Siehe auch S. 22.

zeigt[19] — im Laufe einer sich über mehr als ein Jahrhundert erstreckenden Rechtsentwicklung herausgebildet. Der Begriff „aufopferungsgleicher Eingriff" wurde denn auch nicht im Zusammenhang mit der Entwicklung des Aufopferungsanspruchs gebildet, sondern fand sich im Schrifttum[20] erst nach der Grundsatzentscheidung des Bundesgerichtshofs[21] zum enteignungsgleichen Eingriff. Der Begriff ist also lediglich als Reaktion auf diese Entscheidung zu sehen. Was aber bei der Enteignung wegen der Normierung in Art. 14 GG unbedingt erforderlich war, stellt sich bei der Aufopferung — deren Domäne der Ersatz von Vermögensschäden infolge eines Eingriffs in immaterielle Güter ist — als überflüssig dar; denn als der Bundesgerichtshof[22] entgegen der bisherigen langjährigen Rechtsprechung des Reichsgerichts für den Aufopferungsanspruch den Eingriff in ein immaterielles Gut ausreichen ließ, stand infolge seiner vorliegenden Rechtsprechung zur Enteignung — einem Unterfall der Aufopferung[23] — schon fest, daß das Merkmal der Rechtmäßigkeit oder -widrigkeit für die Gewährung des Anspruchs bedeutungslos war.

Ein Tatbestandsmerkmal aufzustellen, dessen Vorliegen oder Nichtvorliegen für die Rechtsfolge unerheblich ist, mag aus Gründen der Systematik verlockend sein. Mit Schneider[24] ist aber festzustellen, daß die Auffächerung einen praktischen Nutzen wohl kaum brächte.

Der einerseits erkennbaren Tendenz zur Auffächerung stehen Bauschke-Kloepfer gegenüber, die die Berechtigung der Aufopferung neben der Enteignung überhaupt in Frage stellen und einen „einheitlichen, weiten Enteignungsbegriff" vorschlagen[25].

Für die Subsumtion der klassischen Aufopferungsfälle unter die Enteignung spricht in der Tat, daß auch bei Verletzung des Körpers, des Lebens, der Gesundheit und der Freiheit vom Bundesgerichtshof stets nur der als Folge des Eingriffs eingetretene Vermögensschaden entschädigt wird[26]. Gerade vor Beeinträchtigungen vermögenswerter Rechte schütze aber Art. 14 GG[27]. Ausdrücklich wurde ein Aufopferungs-

---

[19] Siehe oben III, S. 14 ff.
[20] Bettermann, Schutz III 2, S. 856 (1959); Egon Schneider, S. 104 (1964); Staudinger-Schäfer, Vorbem. vor § 839 Anm. 16, 16 a, S. 176 (1970); Bender, S. 34 (1971).
[21] BGHZ 6, 270 ff. (Beschluß des Großen Senats f. Zivilsachen vom 10. Juni 1952).
[22] BGHZ 9, 83 ff.
[23] BGHZ 9, 83 (90); BGHZ 13, 88 (94); Wolff VerwR I § 60 I b 4, S. 452 und § 60 I c 3, S. 454.
[24] Egon Schneider, S. 104.
[25] Bauschke-Kloepfer NJW 1971, 1233 (1239).
[26] Bender S. 211, 216 (Anm. 361); Battis S. 103; BGHZ 9, 83 ff.
[27] Bauschke-Kloepfer NJW 1971, 1233 (1237).

ausgleich für Nichtvermögensschäden, insbesondere Schmerzensgeld stets abgelehnt[28], obwohl doch gerade Nichtvermögensschäden durch die Aufopferung ausgeglichen werden sollen[29].

Bauschke-Kloepfers Forderung nach Abschaffung der Aufopferung kann nur als Denkanstoß für eine Änderung der gefestigten höchstrichterlichen Rechtsprechung verstanden werden. Diesem Vorschlag an die Rechtsprechung, das System öffentlich-rechtlicher Entschädigung zu vereinheitlichen und zu vereinfachen, sollte nicht ohne zwingende Gründe durch eine Auffächerung des Aufopferungsbegriffs, die nur zu einer weiteren Ausuferung des „Begriffswirrwarrs"[30] führte, entgegengewirkt werden. Ein solcher zwingender Grund ist jedoch die Abrundung der Systematik allein um der Systematik willen nicht.

---

[28] Wolff, VerwR I, § 61 III, S. 463; Forsthoff, 9. Aufl., S. 331; Kimminich in Bonn. Komm. Art. 14 Rdziff. 101; Bender S. 211 f.; BGHZ 20, 61 ff.
[29] Bauschke-Kloepfer NJW 1971, 1233 (1238).
[30] Bauschke-Kloepfer NJW 1971, 1233 (1239).

V. Geltungsgrund des Aufopferungsanspruchs

Der von der Rechtsprechung des Reichsgerichts[1] aus § 75 EinlALR entwickelte allgemein gültige Rechtsgedanke, daß bei rechtmäßigen Eingriffen der Staatsgewalt in nichtvermögenswerte Lebensgüter des einzelnen ein Aufopferungsanspruch gegen den Staat gegeben sei, fand auch in der Rechtsprechung des Bundesgerichtshofs[2] Anerkennung. Die Fortbildung der Rechtsprechung des Reichsgerichts durch den Bundesgerichtshof[3] vollzog sich vornehmlich an Fällen der Impfentschädigung.

Den durch §§ 74, 75 EinlALR positivrechtlich geregelten Aufopferungsanspruch hatte die Rechtsprechung des Reichsgerichts im Laufe einer mehrere Jahrzehnte umfassenden Entscheidungspraxis als allgemeinen Rechtsgedanken über den Gesetzesbereich dieser Vorschrift hinaus entwickelt[4]. Ausdrücklich wird der Geltungsgrund dieses allgemeinen Rechtsgedankens nicht genannt. Allerdings läßt sich den Entscheidungen entnehmen, daß das Reichsgericht den § 75 EinlALR nur als Normierung einer darunter liegenden Rechtsidee ansieht[5]. Das Prinzip der Gerechtigkeit und Billigkeit wird wiederholt als Grundlage dieser Rechtsidee angeführt[6]. Das Reichsgericht entnahm somit dem § 75 EinlALR einen für das öffentliche Recht allgemeingültigen Rechtsgedanken. Eine einheitliche Begründung für die Geltung des Aufopferungsanspruchs im heutigen Recht liefert auch die Rechtsprechung des Bundesgerichtshofs nicht.

Es stellt sich die Frage, ob als Rechtsgrundlage der Aufopferung im heutigen Recht ebenfalls noch der allgemeine Rechtsgrundsatz, wie ihn das Reichsgericht entwickelt hat, anzusehen ist, oder ob nach Inkrafttreten des Grundgesetzes eine andere Rechtsgrundlage für den Aufopferungsanspruch in Betracht kommt.

---

[1] Vgl. RGZ 102, 390 (391). Eine Entschädigung von Impfschäden hatte das Reichsgericht aber noch in RGZ 156, 305 ff. = JW 1938, 363 abgelehnt.
[2] BGHZ 6, 270, 275; BGHZ 7, 331; BGHZ 9, 83; BGHZ 22, 43; BGHZ 24, 45; BGHZ 25, 238; BGHZ 31, 187; BGHZ 34, 24.
[3] BGHZ 7, 331; BGHZ 9, 83; BGHZ 24, 45; BGHZ 25, 238.
[4] RGZ 58, 130 ff.; RGZ 140, 276; RGZ 101, 102 (103); RGZ 104, 18 ff.; RGZ 113, 301 (306); RG in JW 1925, 2446; vgl. weitere Nachweise bei Schack, Gutachten, S. 18.
[5] Schack, Gutachten, S. 18.
[6] RGZ 140, 276 (285, 288).

V. Geltungsgrund des Aufopferungsanspruchs

1. Gewohnheitsrecht

Die jahrzehntelange Spruchpraxis des Reichsgerichts und die Weitergeltung des Aufopferungsanspruchs neben Art. 14 GG[7] gibt Anlaß, die gewohnheitsrechtliche Anerkennung der Aufopferung in Betracht zu ziehen. Voraussetzung für die Entstehung von Gewohnheitsrecht ist, daß ein allgemeiner Rechtsgeltungswille der Gemeinschaft sich in einer längere Zeit andauernden gleichmäßigen Übung manifestiert[8]. Nur unter diesen Bedingungen[9] kann sich aus einem Gerichtsgebrauch Gewohnheitsrecht entwickeln[10].

Das Institut „Aufopferung" wird seit Jahrzehnten allgemein anerkannt. Der Bundesgerichtshof[11] hat die Geltung des Aufopferungsanspruchs im heutigen Recht unter anderem als Gewohnheitsrecht bezeichnet. Heuser[12] lehnt die Ansicht ab, daß der Aufopferungsanspruch zu Gewohnheitsrecht erstarkt sei. Wegen der grundlegenden Verschiedenheiten der Rechtsprechung des Reichsgerichts und des Bundesgerichtshofs hält er das Merkmal einer fortdauernden gleichmäßigen Übung für nicht gegeben. Die Rechtsprechung des Bundesgerichtshofs allein sei von kurzer Dauer, und wichtiger noch: Sie sei gegen den Widerspruch bedeutender Vertreter des Schrifttums erfolgt[13]. Es mangelt somit an der für die Annahme von Gewohnheitsrecht erforderlichen allgemeinen Rechtsüberzeugung.

Entgegen der Ansicht Heusers[14] ist jedoch entscheidend, daß das Rechtsinstitut des Aufopferungsausgleichs an sich seit langem allgemein anerkannt wird. Kritik in der Literatur[15] bezieht sich niemals auf die Anerkennung des Instituts der Aufopferung an sich, sondern lediglich auf einzelne Merkmale, die der Bundesgerichtshof — im Gegensatz zum Reichsgericht — für die Aufopferung als wesentlich oder unwesentlich betrachtet. Dabei hat sich insbesondere eine Verschiebung derart vollzogen, daß nach heutigem Recht der Aufopferungsanspruch nur noch

---

[7] Kimminich in Bonner Kommentar, Anm. 15 zu Art. 14 GG, Rdziff. 97.

[8] Larenz, Methodenlehre d. Rechtswissenschaft, S. 338, 339; Enneccerus-Nipperdey, Allg. Teil d. Bürg. Rechts, I. Hbd., S. 264 ff.

[9] Gerichtsgebrauch allein reicht eben nicht aus: So auch Stern JZ 1962, 265 (268).

[10] Enneccerus-Nipperdey, Allg. Teil d. Bürg. Rechts, I. Hbd., S. 267; Larenz, Methodenlehre d. Rechtswissenschaft, S. 340.

[11] BGHZ 6, 270 (275); BGHZ 9, 83 (85); BGHZ 13, 88 (91); BGHZ 16, 366 (374).

[12] Heuser, Diss., S. 45—50.

[13] Vgl. Heuser, Diss., S. 49; Stödter, DÖV 1953, 132 (141); Weber, Eigentum und Enteignung, S. 386; Schroer in JZ 1955, 308 ff.; Dürig, JZ 1955, 521 (523); Scheuner in Reinhardt u. Scheuner, Verfassungsschutz des Eigentums, S. 106.

[14] Heuser, Diss., S. 50.

[15] Schack, BB 1956, S. 409 ff.; Schack, JZ 1960, 625 (626); Wagner in Festschrift für Jahrreiß, S. 441.

bei einem Eingriff in die körperliche Unversehrtheit gegeben ist; nach dem Reichsgericht[16] entstand gerade bei diesem Eingriff der Anspruch nicht. Es war vielmehr ein Eingriff in ein vermögenswertes Rechtsgut notwendig. Der Gedanke, daß dem einzelnen zum Wohle der Allgemeinheit auferlegte besondere Opfer ausgeglichen werden müssen, ist jedoch seit Jahrzehnten nicht mehr in Frage gestellt worden. Insoweit liegt ein lange andauernder Gerichtsgebrauch vor, der auch auf einem allgemeinen Rechtsgeltungswillen basiert. Rechtsgrundlage des Aufopferungsanspruchs ist somit Gewohnheitsrecht.

2. Art. 14 GG in Vbdg. mit Art. 1, 2 GG

Als weiterer Rechtsgrund des Aufopferungsanspruchs könnte zunächst Art. 14 GG in Betracht kommen. Nach heute herrschender Meinung stellt der Aufopferungsanspruch einen Opferausgleich für erlittene Nichtvermögensschäden dar[17].

Wenn Bauschke-Kloepfer[18] dennoch zu einer Entschädigung aus Art. 14 GG kommen, dann aus nachfolgender Überlegung:

Obwohl nach Ansicht der Rechtsprechung gerade Nichtvermögensschäden durch die Aufopferung ausgeglichen werden sollen, so entschädigt sie doch in Wirklichkeit nur die damit verbundenen Vermögensminderungen und hat einen Ersatz für immaterielle Schäden bei der Aufopferung stets und mit eingehender Begründung abgelehnt. Was also ausgeglichen wird, sind Eigentumsverluste und Vermögensminderungen, und diese können nach Art. 14 GG entschädigt werden.

Dieser Überlegung steht jedoch folgendes Argument entgegen: Die Entschädigungspflicht des Artikel 14 GG ist nur ein Unterfall des allgemeinen, seit fast zwei Jahrhunderten bekannten Aufopferungsanspruchs[19]. Rechtsgrundlage des allgemeineren, umfassenderen Anspruchs kann schon logisch nicht die Kodifizierung eines seiner Spezialfälle sein. Dieses Problem stellt sich allerdings für Bauschke-Kloepfer nicht, da sich ihre Untersuchung nicht mit der Rechtsgrundlage des Aufopferungsanspruchs beschäftigte. Die Verfasser halten die Aufopferung vielmehr für überflüssig.

---

[16] RGZ 156, 305 (310).
[17] Wolff, VerwR I § 60 I, S. 454; Janssen, Aufopferung, S. 73—77; BGHZ 13, 88 (91); BGHZ 23, 157 (161); Forsthoff, S. 327.
[18] Bauschke-Kloepfer NJW 1971, 1233 (1236 ff.).
[19] Kimminich in Bonner Kommentar Art. 14 Anm. 15, Rdziff. 97; Janssen S. 36.

Art. 14 GG käme zwar auch nach der sogenannten „Erst-recht"-Logik[20] als alleiniger Geltungsgrund des Aufopferungsanspruchs in Betracht. Wenn schon durch Art. 14 GG Eingriffe in das Eigentum eine Entschädigungspflicht nach sich ziehen, dann muß dies erst recht bei Vermögensschäden der Fall sein, die infolge von Maßnahmen gegen von der Verfassung besonders geschützte Rechtsgüter, also insbesondere die körperliche Unversehrtheit, auftreten.

Art. 14 GG bezweckt jedoch nur den Schutz des Eigentums. Der Aufopferungsanspruch hat nach heute herrschender Auffassung einen Eingriff in die körperliche Unversehrtheit oder andere immaterielle Rechtsgüter zur Voraussetzung. Die körperliche Integrität ist durch Art. 2 Abs. 2 GG geschützt. Durch Art. 1 GG werden andere immaterielle Rechtsgüter für unantastbar erklärt. Wenn also schon durch Art. 14 GG Eingriffe in das Eigentum eine Entschädigungspflicht nach sich ziehen, dann muß dies erst recht bei Vermögensschäden der Fall sein, die infolge von Maßnahmen gegen von der Verfassung besonders geschützte Rechtsgüter, also insbesondere die körperliche Unversehrtheit, auftreten. Art. 14 GG in Verbindung mit Art. 1 GG und Art. 2 GG ergeben somit, daß Vermögensschäden zu entschädigen sind, die infolge staatlichen Eingriffs in die körperliche Unversehrtheit oder andere immaterielle Güter entstanden sind.

3. Art. 3 GG

Sowohl der Bundesgerichtshof[21] als auch das Bundesverfassungsgericht[22] lassen für das Aufopferungsrecht ebenso wie für das Enteignungsrecht den Gleichheitssatz von entscheidender Bedeutung sein[23]. Für Art. 3 GG hat das Bundesverfassungsgericht[24] allerdings entschieden, daß diese Bestimmung nur ein Willkürverbot darstellt. Art. 3 GG ist also erst dann verletzt, wenn die Willkürgrenze überschritten ist.

Demgegenüber wird vom Bundesgerichtshof im Entschädigungsrecht der „Gleichheitssatz" als Ausgleichssatz verstanden. In der Literatur[25], die andeutungsweise zwischen dem Gleichheitssatz als Willkür- und

---

[20] Bezeichnung bei Lerche in JuS 1961, 237 ff.; vgl. dazu auch Horn, Diss., S. 13 Anm. 34 u. S. 29 Anm. 100.

[21] BGHZ 6, 270 ff.; BGHZ 9, 83)90).

[22] BVerfG 1, 264 (275 f.); BVerfG 4, 219 Leitsatz 1; vgl. bei Janssen, Aufopferung, S. 30 f.

[23] BGHZ 6, 270 (290 ff.); BGHZ 13, 88 (91); BGHZ 32, 208 (211), (Aufopferung); vgl. auch Nachweise bei Battis S. 45.

[24] BVerfG 1, 14 (52); BVerfG 23, 98 (106).

[25] Vgl. Nachweise bei Battis S. 49 f.; Wolff, VerwR I, S. 411 f.; Volkmar S. 239; Franke S. 45 ff.

einem irgendwie engeren Gleichheitssatz als Ausgleichssatz unterscheidet, ist umstritten, wie dieser „Gleichheitssatz" zu deuten ist[26].

Nach der Sonderopfertheorie des Bundesgerichtshofs ist für die Enteignung kennzeichnend, daß durch einen hoheitlichen Einzeleingriff einzelnen oder mehreren Rechtsträgern ein sie ungleich treffendes Sonderopfer auferlegt wird[27]. Bei der Prüfung des Gleichheitssatzes im Rahmen dieser Sonderopferlehre beschränkt sich der Bundesgerichtshof nicht auf eine bloße Willkürprüfung[28]. Er wendet vielmehr im Entschädigungsrecht den Gleichheitssatz der Sache nach als Ausgleichssatz an.

Der Bundesgerichtshof läßt also — ohne sich dieses Problems ausdrücklich anzunehmen — Gewohnheitsrecht und Art. 3 GG gleichberechtigt als Anspruchsgrundlage des Aufopferungsanspruchs nebeneinander stehen. Es stellt sich damit aber die Frage, ob die gewohnheitsrechtliche Regelung im GG selbst Aufnahme gefunden hat und somit als positivrechtliche Regelung das Gewohnheitsrecht ersetzt hat.

Zwar wird der bis dahin gewohnheitsrechtlich geltende Aufopferungsanspruch im Grundgesetz nicht ausdrücklich genannt. Doch läßt sich der Anspruch auf Opferausgleich aus Art. 3 Abs. 1 GG ableiten.

Nach überkommener Auffassung war es Zweck des Gleichheitssatzes, den einzelnen vor Eingriffen der staatlichen Gewalt zu schützen, nicht aber, ihm einen Anspruch auf positive Leistung zu gewähren[29]. Inzwischen aber hat sich ein Wandel der Auffassungen über das Verhältnis des einzelnen zum Staat und die hervorragende Bedeutung des Gleichheitssatzes unter den Grundrechten vollzogen[30]. Dem entspricht es, dem Gleichheitssatz — unabhängig von seiner Einordnung unter die liberalen Grundrechte — einen möglichst großen Bereich zu erschließen. Deshalb kann der Gleichheitssatz nicht mehr allein als Willkürverbot an Gesetzgeber, Exekutive und Rechtsprechung angesehen werden, mit der Folge, daß der einzelne lediglich einen Anspruch auf Unterlassung willkürlicher staatlicher Maßnahmen hat. Vielmehr erfordert der Gleichheitssatz, daß der einzelne durch staatliche Maßnahmen nicht mehr belastet wird als andere. Eine erfolgte Mehrbelastung muß, falls sie nicht mehr rückgängig zu machen ist, durch positives Handeln des Staates so weit wie möglich ausgeglichen werden; denn es wider-

---

[26] Battis S. 47 f.; Scheuner, Verfassungsschutz, S. 125; Kaiser S. 31, 35; Luhmann S. 61; Weyreuther S. 32; Ule in VerwArch 54, 345 (350, 356 ff.); Dürig in Apelt-Festschrift S. 49.
[27] BGHZ 6, 270 (280).
[28] Vgl. dazu Koppensteiner in BB 1967, 217 (221 f.).
[29] Vgl. dazu Heuser, Diss., S. 54.
[30] Heuser, Diss., S. 57.

spricht dem Gleichbehandlungsgrundsatz des Art. 3 Abs. 1 GG, wenn die einzelnen Staatsbürger die Lasten der Staatstätigkeit in unterschiedlichem und nicht durch ihre Leistungsfähigkeit gerechtfertigtem Maß zu tragen haben[31]. Aus Art. 3 GG folgt damit der Grundsatz der Lastengleichheit. Dieser wiederum verlangt, daß ungleiche Belastungen ausgeglichen werden müssen.

Der Aufopferungsgedanke, der besagt, daß der einzelne einen Ausgleich verlangen kann, wenn er durch hoheitliche Maßnahmen in seinem Privatbereich unmittelbar beeinträchtigt wird, und ihm dadurch ein besonderes Opfer auferlegt wird, hat damit im Grundgesetz selbst Anerkennung gefunden.

4. §§ 74, 75 EinlALR

In Rechtsprechung[32] und Schrifttum[33] wird bei der Aufopferung immer noch auf die §§ 74, 75 EinlALR Bezug genommen. Zu prüfen ist daher auch noch, ob diese Bestimmungen als Rechtsgrundlage für den Aufopferungsanspruch in Frage kommen.

Janssen[34] will auch heute noch für die ehemals preußischen Rechtsgebiete § 75 EinlALR unmittelbar anwenden, da nicht ersichtlich sei, daß er durch irgendeine Vorschrift aufgehoben sei. Nach einer anderen Ansicht[35] ist demgegenüber § 75 EinlALR durch Art. 153 WV aufgehoben worden. Schon deshalb komme eine analoge Anwendung — und erst recht eine unmittelbare — von Art. 75 EinlALR als Rechtsgrundlage nicht mehr in Betracht. Die Rechtsprechung hat sich mehr und mehr von den §§ 74, 75 EinlALR gelöst[36].

Die Heranziehung des allgemeinen preußischen Landrechts lenkt den Blick davon ab, daß der Aufopferungsanspruch in seiner heutigen Ausgestaltung mit ihm nichts mehr zu tun hat[37]. Deshalb bedarf der Aufopferungsanspruch als allgemeiner Rechtsgrundsatz im Gebiet außerhalb des ehemaligen Preußens einer Analogie zu §§ 74, 75 EinlALR nicht mehr. Wegen seiner Verbindung mit § 74 EinlALR gilt § 75 EinlALR nur für rechtmäßige Eingriffe, so daß — wollte man diese Vorschrift im ehemals preußischen Rechtsgebiet weiter anwenden —

---

[31] Heuser S. 57.
[32] BGHZ 9, 83; BGHZ 7, 331 (334); BGHZ 22, 43 (45); BGHZ 25, 238 (240).
[33] Forsthoff S. 327; Wolff I § 61 I a, S. 459; Janssen, Aufopferung, S. 52; dagegen Schack, Gutachten, S. 54.
[34] Janssen, Aufopferung, S. 31.
[35] Heuser S. 44.
[36] Vgl. dazu Schack, Gutachten, S. 54.
[37] Schack, Gutachten, S. 54.

rechtmäßige und rechtswidrige Schädigung dort — anders als im übrigen Bundesgebiet — verschieden behandelt werden müßten. Zwischen dem ehemals preußischen und dem restlichen Rechtsgebiet würden dann Verschiedenheiten auftreten[38], die es unmöglich erscheinen lassen, auf § 75 EinlALR direkt oder analog als Rechtsgrundlage zurückzugreifen[39]. Eine direkte oder analoge Anwendung scheidet daher aus. Heute ist vielmehr der darin zum Ausdruck gekommene und inzwischen gewohnheitsrechtlich geltende Rechtsgedanke maßgebend.

5. Gesamtschau

Die Untersuchung hat ergeben: Der gewohnheitsrechtliche Aufopferungsanspruch ist im Grundgesetz sowohl durch Art. 14 GG in Verbindung mit Art. 1 GG und Art. 2 GG als auch durch Art. 3 GG abgesichert.

Soweit Art. 14 GG in Verbindung mit Art. 1 GG und Art. 2 GG als Geltungsgrund in Betracht kommt, ist zu beachten, daß sich ein Spezialverhältnis zwischen diesen Normen derart, daß die eine die andere umfaßt oder ausschließt, nicht erkennen läßt.

Der Geltungsgrund des Aufopferungsanspruchs ergibt sich somit sowohl aus Art. 14 GG in Verbindung mit Art. 1 GG und Art. 2 GG als auch aus Art. 3 GG.

Allerdings wird der Aufopferungsanspruch in keiner dieser Bestimmungen wörtlich aufgeführt. Sein Geltungsgrund ergibt sich vielmehr erst durch Auslegung aus diesen Bestimmungen. Bei dieser Auslegung sind die kraft Gewohnheitsrechts geltenden Grundsätze heranzuziehen. Insoweit ist auch das Gewohnheitsrecht Rechtsgrundlage.

---

[38] So wohl noch heute Rüfner, 49. DJT, E 36.
[39] Ausdrücklich gegen eine Analogie Schack, Gutachten, S. 54; Fischer, DÖV 1955, S. 634, These I 2.

VI. Normenrang des Aufopferungsanspruchs

Sind mit den vorstehenden Ausführungen die allgemeine Rechtsentwicklung und der Geltungsgrund des Aufopferungsanspruchs dargelegt, so bleibt die für die gesetzliche Ausgestaltung des Entschädigungsanspruchs für Impfschäden wichtige Frage nach dem Normenrang zu klären.

Im Grundgesetz ist der Aufopferungsanspruch — anders als die Enteignung in Art. 14 GG — nicht ausdrücklich genannt. Die im Schrifttum vertretenen verschiedenen Meinungen[1] über den Verfassungsrang des Aufopferungsanspruchs folgen aus den noch vorhandenen unterschiedlichen Auffassungen über seinen Geltungsgrund.

Schack[2] versucht nicht mehr, den Verfassungsrang in einer bestimmten Vorschrift zu suchen, sondern führt Gerechtigkeit, Billigkeit und die Stellung des einzelnen als Glied einer Gemeinschaft an. Das Interesse der Allgemeinheit darf nicht das individuelle Interesse in den Hintergrund treten lassen. Während er aber den überstaatlichen Rang ausdrücklich ablehnt[3], schließt er nicht aus, daß zumindest innerhalb der verfassungsrechtlichen Ordnung der Aufopferungsanspruch einen höheren Rang einnimmt. Nach anderen[4] ist der Aufopferungsanspruch eine unmittelbare Folge aus dem Rechtsprinzip und hat deshalb Verfassungsrang.

Teilweise wird der verfassungsrechtliche Charakter des Aufopferungsgedankens in Art. 14 GG[5] oder auch in der Zusammenschau der Grundrechte in den Art. 14 Abs. 1 Satz 1, Art. 3 Abs. 1 und Art. 2 Abs. 1 GG[6] gesehen.

---

[1] Schack, Gutachten, S. 18, 23, 37; Wolff, VerwR I, § 61 I, S. 459; von Mangoldt-Klein, GG, Art. 14 Anm. VI 3, S. 436; Dürig, Apelt Festschrift, S. 13 ff. (49 oben); Hamann-Lenz, GG, Art. 14 Anm. B 1 c, S. 282; Janssen, Aufopferung, S. 34.

[2] Schack, Gutachten, S. 18, 23, 37.

[3] Schack, Gutachten, S. 38 Anm. 156.

[4] Wolff VerwR I, § 61 I, S. 459; v. Mangoldt-Klein, GG, Art. 14, Anm. v. I 3, S. 436.

[5] Dürig, Apelt-Festschrift, S. 13 ff. (48 sub 5) (S. 49 oben); ihm folgt Hamann-Lenz, GG Art. 14, Anm. B 1 c, S. 282.

[6] Fischer, Thesen, DÖV 1955, 634.

VI. Normenrang des Aufopferungsanspruchs

Götz[7] sieht den Aufopferungsanspruch durch Art. 1 und Art. 2 GG verfassungsrechtlich abgesichert. Haas[8] begründet den Verfassungsrang letztlich mit dem Lastengleichheitssatz. Der Aufopferungsanspruch ist nur ein Teil dieses allgemeinen verfassungsrechtlichen Satzes, der in Art. 134 WV[9] seinen positiven Ausdruck gefunden hatte[10]. Da Art. 134 WV als Generalklausel für die Auferlegung gleicher Lasten, wie z. B. Steuern etc., nicht aber als Generalklausel zur Ausgleichung ungleicher Zufallsbelastungen gedacht ist, mag dahingestellt bleiben, ob man der Bejahung einer solchen positivistischen verfassungsrechtlichen Anerkennung zustimmen kann[11]. Greiner[12] geht davon aus, daß der Aufopferungsanspruch in der Verfassung durch Art. 20 Abs. 1 GG in Verbindung mit Art. 3 GG positivrechtlich normiert ist. Nach Janssen[13] stellt sich der Aufopferungsanspruch als überverwaltungsrechtlicher, d. h. allgemeiner öffentlich-rechtlicher und damit staatsrechtlicher Grundsatz dar. Weiter führt er als Begründung für den Verfassungsrang den allgemeinen Gleichheitssatz *und* Art. 3 GG und das Rechtsstaatsprinzip an[14].

Dürig[15] und Heuser[16] sehen die verfassungsrechtliche Anspruchsgrundlage im Gleichheitssatz des Art. 3 GG.

Lerche[17] verneint den Verfassungsrang des Aufopferungsanspruchs, indem er alle Argumente, die den Verfassungsrang „als Ausfluß des Art. 3 Abs. 1 GG oder des Rechtsstaatsprinzips oder aus anderen mehr oder minder farblosen Gründen" bezeichnen, als „Kunstgriff" ablehnt. Zur Begründung seiner Ansicht führt er an, aus der Normierung der Enteignung in Art. 14 GG als Spezialfall der Aufopferung ergäbe sich, daß gerade nicht die gesamte Aufopferung Verfassungsrang habe.

Der Grundgedanke von Lerche ist zutreffend: Von der Aufopferung im weitesten Sinne des Wortes ist nur die Enteignung in der Verfassung ausdrücklich geregelt. Allerdings spricht von daher allenfalls eine Vermutung dafür, daß die in der Verfassung nicht geregelten

---

[7] Götz § 6 I, S. 94.
[8] Haas, System, S. 22 f.
[9] „Alle Staatsbürger ohne Unterschied tragen im Verhältnis ihrer Mittel zu den öffentlichen Lasten nach Maßgabe des Gesetzes bei."
[10] Barkhau, Öffentlich rechtliche Entschädigung, S. 56.
[11] So auch Janssen, Aufopferung, S. 34.
[12] Greiner, DÖV 1954, 583 (586).
[13] Janssen, Aufopferung, S. 33.
[14] Ebenso Fischer, DÖV 1955, 633 (634).
[15] Dürig in JZ 1954, 4 (5).
[16] Heuser, Diss., S. 57—61.
[17] Lerche, JuS 1961, 237 (241). Auch Scheuner, Verfassungsschutz des Eigentums, S. 159, billigt dem Aufopferungsanspruch nur einfachen Gesetzesrang zu — allerdings ohne weitere Begründnug.

Fälle der allgemeinen Aufopferung Verfassungsrang nicht haben sollen. Diese Vermutung ist aber dadurch widerlegt, daß der Aufopferungsanspruch in der Verfassung insgesamt nicht ungeregelt geblieben ist. Zwar fehlt eine ausdrückliche Verfassungsbestimmung über den Aufopferungsanspruch; er ist jedoch abgesichert sowohl in dem Art. 14 GG in Verbindung mit Art. 1 GG und Art. 2 Abs. 2 GG als auch in Art. 3 GG.

Der Kunstgriff-Argumentation Lerches ist mithin gegenüberzustellen, daß eine einfache gesetzliche Abschaffung des Aufopferungsanspruchs den in Art. 14 GG in Verbindung mit Art. 1 GG, Art. 2 GG und Art. 3 GG zum Ausdruck kommenden Wertungen verstoßen würde und somit unzulässig wäre. Der verfassungsrechtliche Charakter des Aufopferungspruchs ergibt sich somit aus seiner Absicherung in Art. 14 GG in Verbindung mit Art. 1 GG und Art. 2 GG sowie in Art. 3 GG.

VII. Umfang des Aufopferungsanspruchs

Der allgemeine Aufopferungsanspruch gewährt nach herrschender Meinung in Rechtsprechung[1] und Literatur[2] dem einzelnen eine angemessene Entschädigung für sein zugunsten der Allgemeinheit erbrachtes Sonderopfer.

1. Schadensersatz-Entschädigung

Bei Eingriffen in Rechte anderer gewährt die Rechtsordnung dem Betroffenen in zahlreichen Fällen Ausgleich der erlittenen Nachteile. Hauptfälle der verschiedensten Ersatzansprüche sind die Schadens- und Entschädigungsansprüche.

Unter Schadensersatz wird im Bürgerlichen Recht sowohl die Herstellung des gleichen realen Zustandes, nämlich wie er ohne das schädigende Ereignis bestand, als auch die Herstellung eines gleichwertigen Zustandes verstanden. Den ersten Fall bezeichnet man als Naturalrestitution, § 249 BGB. § 252 S. 1 BGB stellt fest, daß hierzu auch der entgangene Gewinn gehört. Der Grundsatz der Naturalrestitution wird jedoch in § 249 S. 1 und § 251 BGB zugunsten eines Geldersatzes durchbrochen. Daher ist die Naturalrestitution kein unerläßliches Merkmal des Schadensersatzes. Der Begriff Entschädigung wird hauptsächlich — aber nicht nur ausschließlich — dort verwendet, wo es sich nicht um Beseitigung im Sinne einer möglichst weitgehenden Wiederherstellung des früheren Zustandes, sondern um einen vermögenswerten Ausgleich eines Eingriffs in bestehendes Recht handelt. Hauptanwendungsfall dieser öffentlich-rechtlichen Entschädigung ist das Enteignungsrecht. Gem. Art. 14 Abs. 3 GG ist eine Entschädigung zu leisten, die unter gerechter Abwägung der Interessen der Beteiligten festzusetzen und nach heute herrschender Meinung[3] auf angemessene Entschädigung gerichtet ist. Diese Interessenabwägung führt im Regel-

---

[1] BGHZ 7, 331 (334); BGHZ 20, 61 (70); BGHZ 22, 43 (46).
[2] Kröner S. 96; Wolff, VerwR I, § 61 III, S. 463; Bender Anm. 345, S. 209; Wilke, Die Haftung des Staates, S. 98; Schack, BB 1959, 1259 ff.; Kimminich in Bonner Kommentar Art. 14 GG, Anm. 101.
[3] Wolff, VerwR I, § 61 III, S. 463; Wilke, Die Haftung des Staates, S. 98; BGHZ 7, 331 (334); BGHZ 20, 61 (70); BGHZ 22, 43 (46).

fall dazu, daß der Entschädigungsanspruch keinen vollen, sondern nur einen billigen Ausgleich der Nachteile des Verletzten herbeiführt[4].

Daß bei der Aufopferung nur ein billiger Ausgleich zu gewähren sei, ist insbesondere dem Wortlaut des § 75 EinlALR entnommen worden[5]. Einen kodifizierten Rechtssatz, der ausdrücklich bestimmt, welchen Umfang der Aufopferungsanspruch hat, gibt es nicht. Aus der Natur des über eine Abwägung der Interessen zu ermittelnden Anspruchs folgt, daß eine nähere Umreißung seines Umfangs nicht möglich ist. Vielmehr ist stets auf den Einzelfall abzustellen. Im Einzelfall allerdings kann die angemessene Entschädigung auch darin bestehen, daß dem Geschädigten voller Schadensersatz zugebilligt wird[6].

2. Materieller Schaden, insbesondere Verdienstausfall — Entgangener Gewinn

Es kann sich der Umfang des Aufopferungsanspruchs heute nicht mehr aus den §§ 74, 75 EinlALR, sondern allein aus seinem heutigen Geltungsgrund unter Berücksichtigung der dem Aufopferungsanspruch zugrunde liegenden Wertungen ergeben[7].

Heuser[8] hat zu diesem Problem folgende Überlegungen angestellt: Die durch den Aufopferungsanspruch zu lösenden Interessenkonflikte unterscheiden sich grundsätzlich von denen, die das bürgerliche Recht mit seinen Bestimmungen über die unerlaubten Handlungen regelt. Im bürgerlichen Recht stehen sich gleichberechtigte Privatpersonen gegenüber, und die Folgen eines entstandenen Schadens müssen zwischen diesen verteilt werden. Im Aufopferungsrecht hingegen tritt eine Kollision zwischen Allgemein- und Individualinteressen[9] auf. Es besteht einerseits das Bedürfnis, den einzelnen zu einem dem Wohle der Allgemeinheit dienenden Verhalten zu veranlassen. Andererseits besteht ein Interesse des einzelnen daran, den Wert der privaten Rechtsgüter zu erhalten. Hier hat eine Abwägung unter Berücksichtigung des Grundsatzes, daß alle Staatsbürger im Verhältnis zu ihren Mitteln

---

[4] BGHZ 6, 270 (295); BGHZ 9, 83 (93); BGHZ 13, 88 (91); BGHZ 23, 157 (171 f.); BGHZ 29, 95 (97); Wolff, VerwR I, S. 463; Janssen, Der Anspruch, S. 71 f.; Forsthoff S. 324; Schack, BB 1959, 1259 ff.

[5] So RGZ 140, 276 (290); BGHZ 9, 209 (217); ähnl. Giese, Der öffentliche Aufopferungsanspruch, S. 74.

[6] BGHZ 7, 331 (334); BGHZ 2, 270 (293, 295); BGHZ 22, 43 (50); eine Tendenz der Rechtsprechung bei Enteignungsentschädigung vollen Schadensausgleich zu gewähren, stellt auch Rüfner (49. DJT, E 30) fest.

[7] Heuser, Diss., S. 137.

[8] Heuser, Diss., S. 122.

[9] Heuser, Diss., S. 123.

2. Materieller Schaden, insbesondere Verdienstausfall

gleiche Lasten zu tragen haben, stattzufinden. Unabhängig von der Rechtmäßigkeit oder Rechtswidrigkeit der staatlichen Maßnahme ist also die Verletzung des Gleichheitssatzes ausschlaggebend für die staatliche Ausgleichspflicht.

Der Gleichheitssatz gebietet, daß jeder Bürger in gleicher Weise und in gleichem Umfang zur Unterstützung der Staatstätigkeit beiträgt. Wird einem einzelnen eine höhere Leistung, ein Sonderopfer, abverlangt, so erfordert das Prinzip der Lastengleichheit aller Bürger, ihm hierfür einen Ausgleich zu gewähren. Es soll der von Art. 3 GG geforderte Zustand, daß alle Bürger die gleichen Lasten wie ihre sich in der gleichen Lage befindenden Mitbürger tragen, wiederhergestellt werden. Nur aus diesem Rechtsgrund und dieser Aufgabe des Aufopferungssatzes kann sich sein Umfang ergeben. Die ungleiche Belastung eines einzelnen zugunsten der Allgemeinheit kann jedoch nur dadurch wieder aufgehoben werden, daß seine Nachteile in vollem Umfang ausgeglichen werden. Bei einer Entschädigung, die hinter dem vollen Ersatz zurückbleibt, wird der Umfang der ungleichen Belastung zwar verringert, jedoch nicht aufgehoben. Der Forderung nach vollem Schadenersatz bei der Aufopferung läßt sich auch nicht entgegenhalten[10], daß die Erfüllung staatlicher Aufgaben dem Betroffenen letztlich selbst zugute kommt und es ihm daher zuzumuten ist, daß er einen Teil des Sonderopfers selbst trägt. Das zum Wohle der Allgemeinheit vorgenommene Handeln begünstigt alle Staatsbürger gleichermaßen — einschließlich desjenigen, dem zufällig ein Sonderopfer abverlangt wurde. Deshalb haben auch alle Staatsbürger ihren Mitteln entsprechend im gleichen Umfang und auf gleiche Weise die ihren Interessen dienende Staatstätigkeit zu unterstützen. Den zufällig Geschädigten dadurch zur Unterstützung der Staatstätigkeit heranzuziehen, daß er ein — wenn auch vermindertes — Sonderopfer erbringt, ist so lange nicht gerechtfertigt, als das staatliche Handeln, das ihm das Sonderopfer abverlangte, ihn nur gleichrangig mit und nicht vorrangig vor den anderen Staatsbürgern begünstigt.

Demgegenüber ist nach der Rechtsprechung und h. M. in der Literatur der Aufopferungsanspruch nur auf einen angemessenen Geldausgleich gerichtet[11]. Das bedeutet, daß grundsätzlich nicht Ersatz des vollen Vermögensschadens geleistet wird. Diese Ansicht des Bundesgerichtshofs und der Literatur ergibt sich einmal daraus, daß der Bundesgerichtshof sowohl das Gewohnheitsrecht als auch Art. 3 GG als

---

[10] Heuser, Diss., S. 141.
[11] RGZ 140, 276 (288); BGHZ 7, 331 (334); BGHZ 9, 83 (93); BGHZ 14, 363 (365); BGHZ 20, 81 (83); BGHZ 22, 43 (48); BGHZ 29, 95 (97); BGHZ 45, 58 (76/77); Schack, BB 1959, 1259 ff.; Kimminich, Bonner Kommentar, Art. 14 GG, Anm. 101; Wilke, Die Haftung des Staates, S. 101.

Rechtsprechungsgrundlage des Aufopferungsanspruchs ansieht[12]. Diese Zweigleisigkeit der Rechtsgrundlage ergab sich natürlich erst nach Erlaß des Grundgesetzes. In diesem Zeitpunkt aber war das Institut der Aufopferung in der Rechtsprechung schon anerkannt und dahin gefestigt, daß nur Entschädigung gewährt wurde. Der Bundesgerichtshof hat im wesentlichen die Rechtsprechung des Reichsgerichts bezüglich des Umfangs des Aufopferungsanspruchs übernommen und ist insoweit der erkennbaren Rechtstradition gefolgt, nur bei schuldhaftem Staatshandeln dem Betroffenen einen vollen Schadensausgleich zu gewähren.

So ist der Aufopferungsanspruch gewohnheitsrechtlich auch nur auf eine angemessene Entschädigung gerichtet; zwar kann auch Gewohnheitsrecht durch die Verfassung modifiziert werden. Dies ist für den Umfang der Aufopferungsentschädigung durch Art. 1, Art. 2, 14 und Art. 3 GG jedoch nicht zwingend derart geschehen, daß sich der Umfang der Aufopferungsentschädigung heute auf vollen Schadensersatz richtet.

Soweit als grundgesetzliche Absicherung des Aufopferungsanspruchs Art. 14 GG in Verbindung mit Art. 1 GG, Art. 2 GG gegeben ist, ergibt sich aus Art. 14 GG ohnehin nur ein Anspruch auf angemessene Entschädigung. Aber auch eine Berücksichtigung des in Art. 3 GG zum Ausdruck kommenden Gleichheitssatzes vermag diesen Anspruch auf angemessene Entschädigung nicht grundsätzlich in einen Schadensersatzanspruch umzuwandeln. Art. 3 GG verlangt zwar den Ausgleich eines Sonderopfers; damit ist aber noch nicht gesagt, ob der Ausgleich — wie bei der Enteignung — nur in einer unangemessenen Entschädigung zu bestehen hat oder nur deshalb auf angemessene Entschädigung gerichtet ist, weil die überkommene Rechtstradition bei nicht schuldhaften Staatseingriffen eben diesen Ausgleich vorsieht.

Soweit es um die Frage des Ersatzes materiellen Schadens geht, ist auch nicht ersichtlich, weshalb Aufopferung und Enteignung eine unterschiedliche Behandlung erfahren sollten. Dem Art. 14 GG — einer Kodifizierung eines Unterfalles der Aufopferung — ist vielmehr zu entnehmen, daß der bis zum Erlaß des Grundgesetzes geltende Grundsatz, nicht schuldhafte hoheitliche Eingriffe nur angemessen zu entschädigen, auch durch das Grundgesetz nicht abgeändert werden sollte. Der allgemeine Aufopferungsanspruch ist somit auf eine angemessene Entschädigung gerichtet. Sie bestimmt sich unter Berücksichtigung aller Umstände des Einzelfalles. Gebieten es aber die Umstände des Einzelfalles — und dies wird in der Praxis häufig der Fall sein —, so wird die angemessene Entschädigung aus einem Ersatz des vollen Vermö-

---

[12] *Gewohnheitsrecht:* BGHZ 6, 270 (275); BGHZ 9, 83 (85 f.); BGHZ 13, 88 (91); BGHZ 16, 366 (374); BGHZ 20, 61, (69); BGHZ 29, 95 (97); *Art. 3 GG:* BGHZ 6, 270 (279 f.); BGHZ 13, 88 (90 f.).

gensschadens bestehen¹³. Soweit Gesichtspunkte bei Ermittlung der angemessenen Entschädigung berücksichtigt werden, die zu einem Zurückbleiben der Entschädigung hinter dem vollen Schadensersatz führen, dürfen diese Gesichtspunkte freilich nicht willkürlich sein.

Daß die den Aufopferungsanspruch absichernden Bestimmungen des Grundgesetzes, insbesondere Art. 3 GG nicht zwingend den Ausgleich des vollen Schadens gebieten, hat auch der Bundesgerichtshof¹⁴ erkannt, als er zwar den Gesetzgeber aufforderte, durch positive Regelung den Umfang des Aufopferungsanspruchs gesetzlich zu erweitern, sich aber nicht in der Lage sah, den gewohnheitsrechtlichen Umfang des Aufopferungsanspruchs auf Grund ihn zwingenden Rechts von sich aus zu erweitern. Nicht entschieden zu werden braucht hier die Frage, ob es dem Bundesgerichtshof auch tatsächlich verwehrt war, den Umfang des allgemeinen Aufopferungsanspruchs auf Grund der dem Grundgesetz zugrunde liegenden Wertungen und insbesondere aus Art. 2 und Art. 3 GG von sich aus, d. h. ohne zwingende grundgesetzliche Bestimmung zu erweitern; denn „es lassen sich viele Regelungen denken, die sich noch im Rahmen des Gleichheitssatzes halten"¹⁵. Hat der Gesetzgeber eine bestimmte Lösung gewählt, so ist es nicht Sache eines Gerichts, auch nicht des Bundesverfassungsgerichts, diese Lösung etwa auf ihre Zweckmäßigkeit zu prüfen oder zu untersuchen, ob sie vom Standpunkt einer beteiligten Gruppe aus die gerechteste denkbare Lösung darstellt¹⁶. Sind somit den Gerichten bei der Überprüfung kodifizierten Rechts auf seine Vereinbarkeit mit Art. 3 GG Grenzen gesetzt, ist damit ein Tätigwerden der Gerichte bei der Weiterentwicklung von Gewohnheitsrecht in Richtung auf die „gerechteste denkbare Lösung" nicht notwendigerweise ausgeschlossen.

3. Immaterieller Schaden

Der Bundesgerichtshof¹⁷ hat einen Schmerzensgeldanspruch im Rahmen der Aufopferung ausdrücklich abgelehnt. Er geht davon aus, daß eine Entschädigung für immaterielle Schäden nur in den ausdrücklich normierten Sonderfällen der §§ 847, 1300 BGB gewährt werden soll. Insbesondere habe der Gesetzgeber bei Haftungstatbeständen, die ein Ver-

---

¹³ So hat der BGH 2, 270 (293) (295); BGHZ 7, 331 (334); BGHZ 22, 43 (50) erkannt, daß im Einzelfall die angemessene Entschädigung im Ersatz des vollen Vermögensschadens bestehen kann.
¹⁴ BGHZ 20, 61 (70).
¹⁵ BVerfG 3, 58 (135); vgl. auch Stern-Burmeister, kommunale Sparkassen, S. 222 ff., insbesondere S. 225.
¹⁶ BVerfG 3, 58 (135).
¹⁷ BGHZ 20, 61 (68).

VII. Umfang des Aufopferungsanspruchs

schulden nicht voraussetzen, davon abgesehen, dem Geschädigten einen Ausgleich für immaterielle Schäden zu gewähren. Bei diesen Tatbeständen könne der Genugtuungsgedanke, der die Verpflichtung zur Entschädigungsleistung über den rein vermögensrechtlichen Schaden hinaus entscheidend mitbegründe, keine Rolle spielen[18]. Ein weiteres Argument gegen die Gewährung von Schmerzensgeld beim Aufopferungsanspruch sieht der Bundesgerichtshof[19] in folgendem: Auch die Bestimmungen der §§ 74, 75 EinlALR gingen davon aus, daß nur für vermögensrechtliche Nachteile Entschädigung zu gewähren sei. Dementsprechend sei in allen Fällen, wo Aufopferungstatbestände eine besondere gesetzliche Regelung erfahren haben, von einer Entschädigung für nichtvermögensrechtliche Schäden abgesehen worden. Der Bundesgerichtshof[20] bezieht sich dabei auf: § 2 Abs. 1 des Gesetzes betreffend die Entschädigung der im Wiederaufnahmeverfahren freigesprochenen Personen[21], § 3 Abs. 1 des Gesetzes, betreffend die Entschädigung für unschuldig erlittene Untersuchungshaft[22], § 4 des Gesetzes über die durch innere Unruhen verursachten Schäden[23], § 537 Nr. 5 RVO in der Fass. des 6. Änderungsgesetzes[24] und der ersten Durchführungsverordnung[25] dazu, § 9 des Bundesversorgungsgesetzes[26], § 151 des Bundesbeamtengesetzes[27], auf das Bundesentschädigungsgesetz[28], § 70 Preuß. Pol. VerwG[29], auf das Impfschädengesetz für Nordrhein-Westfalen[30] und § 65 PolVerwG für Rheinland-Pfalz[31].

Aus diesen Regelungen in ihrer Gesamtheit müsse auf den Willen des Gesetzgebers geschlossen werden, daß eine Entschädigung für immaterielle Schäden nur in den ausdrücklich normierten Sonderfällen der §§ 847, 1300 BGB gewährt werden, im übrigen aber — insbesondere bei Vorliegen von Aufopferungstatbeständen — Schadensersatz und Entschädigung auf den Ausgleich vermögensrechtlicher Nachteile beschränkt bleiben sollen. Leben, Gesundheit und Freiheit werden zwar

---

[18] BGHZ 20, 61 (68); BGHZ 18, 149 (154).
[19] BGHZ 20, 61 (69).
[20] BGHZ 20, 61 (69).
[21] Vom 20. Mai 1898 RGBl. S. 345.
[22] Vom 14. Juli 1904 RGBl. S. 321.
[23] Vom 12. Mai 1920 RGBl. S. 941.
[24] Vom 9. März 1942 RGBl. I S. 107.
[25] Vom 20. August 1942 RGBl. I S. 532 (früher § 533 a RVO i. d. F. des 5. Änderungsgesetzes vom 17. Februar 1939, RGBl. I S. 267).
[26] Vom 20. Dezember 1950 BGBl. S. 791.
[27] Vom 14. Juli 1953 BGBl. I S. 551.
[28] Vom 18. September 1953 BGBl. I S. 1387 (vgl. dazu BGHZ 12, 278 [282]).
[29] Vom 1. Juni 1931, GS S. 77.
[30] Vom 10. Februar 1953, GVBl. S. 166.
[31] Vom 26. März 1954, GVBl. S. 31.

3. Immaterieller Schaden

in Art. 2 GG ausdrücklich unter besonderen Schutz gestellt, die rechtliche Wertung dieser Lebensgüter allein rechtfertige eine Ausweitung des allgemeinen Aufopferungsanspruchs jedoch nicht[32]. Wenn dieses Ergebnis auch unbefriedigend sei, müsse es doch dem Gesetzgeber überlassen bleiben, aus der in der Verfassung zum Ausdruck gekommenen Ordnung der Werte der einzelnen Lebensgüter gegebenenfalls Folgerungen für eine andersartige Regelung des Entschädigungsrechts zu ziehen. Den in § 235 BGB normierten Grundsatz, daß Ersatz wegen immaterieller Schäden nur in den gesetzlich bestimmten Fällen gefordert werden könne, zu verlassen, sei nicht Sache der Rechtsprechung, sondern des Gesetzgebers.

Der Aufopferungsanspruch gehört dem öffentlichen Recht an. Weil es sich bei § 253 BGB um eine zivilrechtliche Bestimmung handelt, scheidet ihre direkte Anwendung bei der Aufopferung aus[33]. Bei der analogen Anwendung des § 253 BGB im öffentlichen Recht ist zu bedenken, ob der mindere Schutz immaterieller Güter gegen hoheitliche Beeinträchtigungen der heutigen Verfassungslage entspricht[34]. Insbesondere für den ursprünglich gewohnheitsrechtlich aus einer Rechtsidee entwickelten Aufopferungsgrundsatz kann nicht auf den Willen des Gesetzgebers des Bürgerlichen Gesetzbuches abgestellt werden; vielmehr muß diese Frage nach den Grundgedanken der Aufopferung entschieden werden.

Der Bundesgerichtshof zieht aus den Kodifizierungen von Spezialfällen der Aufopferung und dem darin zum Ausdruck gekommenen Willen des Gesetzgebers Schlüsse[35] für den Umfang des allgemeinen kraft Gewohnheitsrechts geltenden Aufopferungsanspruchs. Diese Gesetze sind zum großen Teil vorkonstitutionell, so daß der Bundesgerichtshof in dieser Entscheidung aus dem Jahre 1956, also sieben Jahre nach Inkrafttreten des Grundgesetzes den Willen des vorkonstitutionellen Gesetzgebers von entscheidender Bedeutung sein läßt. Bei § 823 hat der Bundesgerichtshof[36] trotz § 253 BGB finanzielle Ansprüche bei erfolgter Ehrverletzung zugesprochen, weil sonst „Verletzungen der Würde und Ehre des Menschen ohne Sanktion in der Zivilrechtsordnung blieben..." und die Rechtsordnung sonst „auf das wirksamste und oft einzige Mittel verzichten (würde), das geeignet ist, die Respektierung des Personenwertes des einzelnen zu sichern".

---

[32] BGHZ 20, 61 (70).
[33] Staudinger-Werner, BGB II, Vorbem. 7 vor § 249.
[34] Hubmann, JZ 1958, S. 489 (493).
[35] Siehe oben S. 42.
[36] BGHZ 35, 363 (368) Ginsengwurzeln, — nach BGHZ 26, 349 (357) Herrenreiter.

VII. Umfang des Aufopferungsanspruchs

Diese beiden höchstrichterlichen Entscheidungen dürften sich nur schwer miteinander vereinbaren lassen. Angesichts dieser Rechtsprechung zu § 823 BGB erscheint die Folgerung des Bundesgerichtshofs, das auch von ihm als unbefriedigend bezeichnete Ergebnis, daß bei der Aufopferung ein Schmerzensgeld nicht gewährt werde, könne nur durch ein Tätigwerden des Gesetzgebers (und also nicht durch ihn selbst) geändert werden, nicht zwingend.

Gemäß § 253 BGB kann eine materielle Entschädigung bei immateriellem Schaden nur in den ausdrücklich genannten Fällen verlangt werden. Im BGB wird ein Schmerzensgeldanspruch — mit Ausnahme der §§ 833, 1300 BGB — nur bei schuldhaftem, zumindest leicht fahrlässigem Verhalten gewährt. Nach Ansicht des Bundesgerichtshofs[37] hat dieser Anspruch eine doppelte Funktion: Er soll einen angemessenen Ausgleich für Nichtvermögensschäden gewähren und zugleich dem Gedanken Rechnung tragen, daß der Schädiger dem Geschädigten Genugtuung schuldet für das, was er ihm angetan hat. Der Genugtuungs- und Strafcharakter[38] des Schmerzensgeldanspruchs kann seine Funktion bei einer Verletzung des Persönlichkeitsrechts als eines absoluten Rechts gemäß § 823 Abs. 1 BGB erfüllen. Ein zumindest leicht fahrlässiges Verhalten ist hier nämlich Voraussetzung für die Gewährung des Anspruchs.

Der Aufopferungsanspruch wird aber bei schuldlosem Verhalten gewährt. Für die Genugtuungsfunktion ist hier kein Raum, wenn man — wie der Bundesgerichtshof[39] — davon ausgeht, daß der Genugtuungsgedanke keine entscheidende Rolle bei Haftungstatbeständen, die ein Verschulden nicht voraussetzen, spielen kann. Insofern unterscheiden sich also die Fälle der Persönlichkeitsverletzung (§ 823 BGB) von der Aufopferung. Doch einem durch schuldloses Verhalten Geschädigten den Ersatz immateriellen Schadens zu verwehren, liefe auf eine Überbewertung der Genugtuungsfuntion hinaus, deren Fragwürdigkeit im heutigen Recht auch dadurch deutlich wird, daß vielfach Dritte, z. B. Versicherungsträger, den Schaden bezahlen[40]. Der Gesichtspunkt der Ausgleichsfunktion muß — wie der Gesetzgeber auch durch § 7 StrEG[41] anerkannt hat — auf jeden Fall Vorrang von der Genugtuungsfunktion haben[42] und ist von so überwiegender Bedeutung, daß die Gewährung von Schmerzensgeld bei der Aufopferung unbedingt erforderlich erscheint[43].

---

[37] BGHZ 18, 149.
[38] Lieberwirth, Schmerzensgeld, S. 19.
[39] BGHZ 20, 61 (68); vgl. dazu Heuser, Diss., S. 152, 153.
[40] Lieberwirth, Schmerzensgeld, S. 19; Götz, VVDStRL 28, 270.
[41] Vom 8. März 1971, BGBl. I S. 157.
[42] Lieberwirth, Schmerzensgeld, 3, 20; Hubmann, JZ 1958, 489 (493); Bender, Staatshaftungsrecht, S. 212; Pötter berichtet von Hoppe in DVBl. 1967, 195.
[43] Bender, Staatshaftungsrecht, S. 212 Anm. 350.

3. Immaterieller Schaden

Der Gesetzgeber hat im Gesetz für Entschädigung von Strafverfolgungsmaßnahmen (StrEG)[44], das dem öffentlichen Recht zuzuordnen ist, in § 7 für den Schaden, der Nichtvermögensschaden ist, eine Pauschalentschädigung von zehn DM für jeden angefangenen Tag der Freiheitsentziehung gewährt. Ein schuldhaftes Verhalten der Beamten bzw. Richter ist nicht Anspruchsvoraussetzung. Ob der Gesetzgeber bei dieser Norm nur an eine Ausgleichsfunktion gedacht hat oder aber davon ausgegangen ist, daß für den Genugtuungsgedanken nicht nur bei schuldhaftem Verhalten Raum ist, kann dahingestellt bleiben. Entscheidend ist, daß er durch diese Regelung den Vorgang der Ausgleichsfunktion anerkannt hat und bei öffentlich-rechtlichen Bestimmungen nicht an dem Vorliegen der vom Bundesgerichtshof[45] für § 847 BGB verlangten Voraussetzungen festhält.

Im selben Jahr[46] hat derselbe Gesetzgeber in einem weiteren Gesetz, nämlich dem zweiten Änderungsgesetz zum Bundesseuchengesetz[47] einen Ersatz für die immateriellen Schäden der Impfgeschädigten nicht gewährt. Während der Bundesgerichtshof[48] es ihm anheimgestellt hatte, aus der in der Verfassung zum Ausdruck gekommenen Ordnung der Werte gesetzliche Folgerungen zu ziehen, hat er es im Bundesseuchengesetz vorgezogen, diese Aufforderung zu ignorieren und der Rechtsprechung des Bundesgerichtshofs folgend, auch im Bundesseuchengesetz, der Kodifizierung eines Spezialfalles der Aufopferung, einen Schmerzensgeldanspruch nicht zu gewähren. Somit hat sich an der schon im Jahre 1956[49] als unbefriedigend empfundenen Regelung nichts geändert. Heuser[50] ist sogar der Ansicht, daß diese Regelung verfassungswidrig sei. Er erklärt allerdings eher pauschal, daß der (materielle) Ausgleich immaterieller Sonderopfer durch das Grundgesetz geboten und dies zwingendes Verfassungsrecht sei, was dann nicht durch einfaches Gesetz außer Wirkung gesetzt werden könne.

In Art. 2 Abs. 2 GG ist die körperliche Unversehrtheit unter den besonderen Schutz der Verfassung gestellt worden. Doch es geht aus Art. Art. 1, 2 GG nicht zwingend hervor, daß der dort zum Ausdruck gekommene Schutz immaterieller Güter bei einer Verletzung dieser Rechtsgüter notwendigerweise mit finanziellen Mitteln erreicht werden muß. Es bestehen deshalb Bedenken dagegen, das BSeuchG aus diesem Grunde für verfassungswidrig zu halten. Doch besagt die Tatsache, daß eine

---
[44] Vom 8. März 1971, BGBl. I S. 157.
[45] BGHZ 18, 149 ff.
[46] 1971.
[47] Vom 25. August 1971 BGBl. I, S. 1401.
[48] BGHZ 20, 61 (70).
[49] Die Entscheidung BGHZ 20, 61 ff. erging 1956.
[50] Heuser, Diss., S. 154.

VII. Umfang des Aufopferungsanspruchs

Regelung nicht verfassungswidrig ist, noch nicht, daß sie der Interessenlage entspricht und gut ist. Es ist nicht einzusehen, weshalb jemand, der einen ungerechtfertigten Freiheitsentzug erleidet, Ersatz für seinen immateriellen Schaden erhalten und schutzwürdiger sein soll als jemand, der sich zwar formell frei bewegen kann, aber durch Körperschäden in seiner Bewegungsfreiheit in ebenso spürbarem und starkem, wenn auch andersartigem Ausmaß, beeinträchtigt ist.

Die zur Zeit über den Ersatz für immaterielle Schäden bestehenden gesetzlichen Regelungen sind unbefriedigend[51]. Die beiden im Jahre 1971 getroffenen Regelungen im Bundesseuchengesetz und im Gesetz über die Entschädigung von Strafverfolgungsmaßnahmen zeigen, daß der Gesetzgeber von Gesetz zu Gesetz entscheidet[52], ohne sich grundlegend darüber klar zu werden, in welchen Fällen der Ersatz immaterieller Schäden durch die Verfassung geboten ist oder ihr zumindest mehr entspricht als die Nichtgewährung des Ersatzes. Es mögen hierbei fiskalische Interessen eine Rolle spielen. Doch haben diese angesichts des Opfers, das der einzelne für die Allgemeinheit zu erbringen hat, zurückzutreten. Zumindest in den Fällen, in denen die im Bundesseuchengesetz für entschädigungspflichtig erklärten Fälle die Tatbestandsmerkmale der Aufopferung erfüllen, erscheint die Gewährung von Schmerzensgeld angebracht und entspricht eher den im Grundgesetz zum Ausdruck gekommenen Wertungen als die gegenwärtige Regelung.

Von dem Grundgedanken der Aufopferung ausgehend, ist es allerdings erforderlich, eine gewisse Erheblichkeit[53] des immateriellen Schadens zu verlangen. Nicht jede vorübergehende Beeinträchtigung sollte einen Anspruch auf Schmerzensgeld begründen. Auch die immateriellen Schäden müssen das Ausmaß eines Sonderopfers erreicht haben. Insoweit sind die zu § 847 BGB entwickelten Grundsätze anzuwenden.

---

[51] 45. DJT in Karlsruhe in NJW 1964, 2098.
[52] So auch Rüfner, 49. DJT, E 8.
[53] Staudinger-Schäfer § 847 Anm. 4.

VIII. Gesetzeskompetenz zur Regelung der Aufopferungsentschädigung bei Impfschäden

1. Sachzusammenhang und Annexkompetenz

Hat der Aufopferungsanspruch auch bundesverfassungsrechtlichen Rang, so ist damit noch nicht die Frage entschieden, wer für die notwendigen Verfahrens-, Verjährungs- und anderen Regelungen für die infolge von Impfschäden auftretenden Aufopferungsansprüche zuständig ist. Das Grundgesetz geht davon aus, daß dem Bund die Gesetzgebungsbefugnis grundsätzlich nur für ausdrücklich ihm zugewiesene Sachgebiete[1] zusteht. Die Aufopferungsentschädigung ist in Art. 73 ff. GG nicht erwähnt. Fehlt eine ausdrückliche Zuweisung an den Bund, dann besteht gem. Art. 30, 70 Abs. 1 GG eine ausschließliche Zuständigkeit der Länder. Die Art. 70 bis 75 GG in Verbindung mit den übrigen Zuständigkeitsbestimmungen sind erkennbar auf eine vollständige und saubere Abgrenzung der Kompetenzen bedacht, um ein Übergreifen des Bundes in die Gesetzgebungsbereiche der Länder zu unterbinden[2].

Es kommt eine ungeschriebene Gesetzgebungsbefugnis des Bundes in Betracht. Die Zuständigkeit des Bundes für die Regelung der Entschädigung bei Impfschäden könnte sich aus dem Gesichtspunkt der Annexkompetenz oder „kraft Sachzusammenhangs" ergeben.

Nach Maunz[3] verwendet das Bundesverfassungsgericht den Begriff der Annexkompetenz[4] bei einer Ausdehnung einer ausdrücklich zugeteilten Kompetenz einerseits in das Stadium der Vorbereitung, andererseits aber auch in das Stadium der Durchführung durch Zulassung von Vorschriften, die die Durchführung regeln. Maunz[5] sieht die Annexkompetenz als einen Unterfall der Kompetenz kraft Sachzusammenhangs. Diese liegt vor bei einer Ausdehnung von Bundes- oder Landeszuständigkeiten auf andere, durch das GG nicht zugeteilte, aber mit ausdrücklich zugeteilten verwandten Kompetenzen. Beim Sachzusam-

---

[1] Maunz, Dt. Staatsrecht, § 27 I 1, S. 234; v. Mangoldt-Klein, Art. 70 GG Anm. III 2 a, S. 1387; Maunz-Dürig-Herzog, Art. 70 Anm. 10.

[2] Bullinger S. 55; Krüger, DÖV 1961, 721.

[3] Maunz-Dürig-Herzog, GG, Art. 70, Anm. 32.

[4] Küchenhoff, AöR n. F. Bd. 43 (195), 413 ff. spricht von „stillschweigend-implizierter (mit)geschriebener Bundeszuständigkeit".

[5] Maunz-Dürig-Herzog, GG, Art. 70 Anm. 32.

VIII. Gesetzeskompetenz zur Regelung der Aufopferungsentschädigung

menhang erfolgt also eine Ausdehnung in die Breite, bei der Annexkompetenz in die Tiefe.

Wohl Maunz folgend, geht auch Hesse[6] davon aus, daß es sich bei der Annexkompetenz um einen Sonderfall der Zuständigkeit kraft Sachzusammenhangs handelt.

Demgegenüber ist Bullinger[7] der Ansicht, daß das Bundesverfassungsgericht bald auf den Sachzusammenhang, bald auf einen „Annex" abstellt, ohne daß ein sachlicher Grund dahinter zu erkennen ist. Maunz ausdrücklich widersprechend, sieht er keinen Anhaltspunkt dafür, daß das Bundesverfassungsgericht eine neue Terminologie schaffen wollte. Der zunächst dargestellten Definition wird zu folgen sein, weil die von Bullinger[8] angeführten, vom Bundesverfassungsgericht entschiedenen Fälle der Definition von Maunz zumindest nicht widersprechen.

Maßgebend für die sachlichen Voraussetzungen der ungeschriebenen Gesetzgebungskompetenz kraft Sachzusammenhangs oder der Annexkompetenz ist die Entscheidung des Bundesverfassungsgerichts vom 16. Juni 1954[9].

Danach ist eine Zuständigkeit des Bundes kraft Sachzusammenhangs möglich, falls „eine dem Bund ausdrücklich zugewiesene Materie verständlicherweise nicht geregelt werden kann, ohne daß zugleich eine nicht ausdrücklich zugewiesene andere Materie mitgeregelt wird, wenn also ein Übergreifen in nicht ausdrücklich zugewiesene Materien *unerläßliche* Voraussetzung ist für die Regelung einer der Bundesgesetzgebung zugewiesenen Materie". Danach genügt es also für die Begründung der Zuständigkeit des Bundes nicht, daß es nur *zweckmäßig* ist, mit einer dem Bund ausdrücklich zugewiesenen Materie gleichzeitig auch ein verwandtes Sachgebiet zu regeln[10].

Nach dem Baurechtgutachten[11] war zu erwarten, daß das Kriterium der Unerläßlichkeit entscheidend sein sollte. Doch führte die folgende Spruchpraxis des Bundesverfassungsgerichts[12] dazu, daß im Falle einer Überschneidung von Randmaterien der Bundeskompetenz mit anerkannten Landeszuständigkeiten die größere Sachnähe den Ausschlag gab[13].

---

[6] Hesse, Grundzüge des Verfassungsrechts, S. 94; ebenso Schmidt-Bleibtreu/Klein, GG, s. dazu Rdziff. 6 Vorbem. vor Art. 70.
[7] Bullinger, Mineralölfernleitungen, S. 68.
[8] Bullinger, Mineralölfernleitungen, S. 69.
[9] BVerfGE 3, 407 (420) = Baurechtsgutachten.
[10] So auch Zuleeg in DVBl 1963, 320 (321).
[11] BVerfGE 3, 407 (433).
[12] BVerfG 8, 104 (118 f.); BVerfG 9, 185 (190); BVerfG 11, 192 (199).
[13] Vgl. ausführliche Darstellung bei Bullinger, S. 69, 70; siehe dazu auch BVerfG 11, 234 (236) f.).

In Art. 74 Nr. 19 GG sind dem Bund Maßnahmen gegen gemeingefährliche und übertragbare Krankheiten ausdrücklich zugewiesen. Die Regelung der Entschädigung der bei diesen Maßnahmen auftretenden Schäden stellt die Ausdehnung einer ausdrücklich zugewiesenen Kompetenz in das „Stadium der Durchführung", also in die Tiefe dar. Daraus folgt — entsprechend der oben angeführten Terminologie — daß die Zuständigkeit des Bundes unter dem Gesichtspunkt des Sachzusammenhangs ausscheidet, weil sie durch den „Sonderfall" der Annexkompetenz verdrängt wird.

Die Regelung der Aufopferungsentschädigung für Impfschäden gehört notwendigerweise zu der Regelung über Maßnahmen gegen gemeingefährliche und übertragbare Krankheiten; denn der Aufopferungsanspruch verpflichtet den Staat, denjenigen zu entschädigen, der infolge eines staatlichen Eingriffs in seine körperliche Unversehrtheit ein Sonderopfer erbringt. Der „einfache" Gesetzgeber hat das Verfassungsrecht zu beachten. Bei einem Eingriff in die körperliche Unversehrtheit kann er eine vollständige Regelung daher nur treffen, wenn er gleichzeitig eine Entschädigungsregelung für eventuell auftretende Sonderopfer vornimmt. Eine solche Regelung ist aber nicht mehr nur zweckmäßig, sondern vielmehr für die angestrebte Vollständigkeit notwendig[14]. Schließlich spricht auch die größte Sachnähe für die Regelung der Aufopferungsentschädigung bei Impfschäden durch den Bundesgesetzgeber. Wenn der Bund gem. Art. 74 Nr. 19 GG zuständig zur Regelung von Eingriffen in die körperliche Unversehrtheit zum Zwecke der Seuchenabwehr ist und kraft des in allen Bundesländern geltenden Aufopferungsanspruchs Vermögensschäden, die infolge des Eingriffs eintreten, entschädigt werden müssen, stellt es eine naheliegende sachgerechte Regelung dar, daß der Bund in dem die Eingriffsmöglichkeit schaffenden Gesetz Umfang und Ausmaß der Entschädigung mitregelt. So wird gewährleistet, daß bei gleichen Voraussetzungen in allen Bundesländern die gleichen Rechtsfolgen eintreten.

Die Zuständigkeit des Bundes für die Regelung der Aufopferungsentschädigung bei Impfschäden ergibt sich somit als Annex zu Art. 74 Nr. 19 GG[15].

2. Analogie zu Art. 74 Nr. 14 GG

Dieses Ergebnis kann auch durch folgende Überlegungen gestützt werden, die Bullinger angestellt hat[16]: Eine Analogie zu einer vorhan-

---
[14] Vgl. dazu Zuleeg in DVBl. 1963, 320 (321).
[15] Vgl. dazu auch Rüfner, 49. DJT., E 10, der die Kompetenz kraft eines Sachzusammenhangs bejaht, ohne allerdings auf die Differenzierung zwischen Annex und Sachzusammenhang einzugehen.
[16] Bullinger S. 76; so auch Triepel, Die Kompetenz des Bundesstaates, S. 324.

denen Kompetenzklausel. Bullinger betrachtet die Analogie im Zusammenhang mit der Gesetzgebungskompetenz aus der „Natur der Sache". Dazu führt er aus, die „Natur der Sache" werde nicht durch die Analogie entbehrlich. Analogie bedeutet, daß eine Gesetzesvorschrift oder ein Rechtsgedanke auf sachähnliche Fälle entsprechend angewendet werde. Was aber sachähnlich sei, könne mit Hilfe der „Natur der Sache" erschlossen werden[17].

In der Literatur wird der Analogiebegriff einmal weiter, einmal enger verstanden[18]. Zum anderen ist man sich nicht einig darüber, ob Analogie und Natur der Sache verschiedene Denkmittel sind oder in Wahrheit gerade ein Denken aus der Natur der Sache Analogie sei[19].

Ausdrücklich im Grundgesetz geregelt ist die Enteignung in Art. 14 GG und demgemäß die Kompetenzfrage in Art. 74 Nr. 14 GG. Nach dieser Bestimmung erstreckt sich die konkurrierende Gesetzgebung des Bundes auf das Recht der Enteignung, soweit sie aus den Sachgebieten der Art. 73 und 74 GG in Betracht kommt.

Der Aufopferungsanspruch ist ausdrücklich in der Verfassung nicht geregelt, so daß es nicht verwundert, daß sich im Katalog des Art. 74 GG keine Bestimmung über die Gesetzgebungskompetenz bei der Aufopferung findet.

Es liegt jedoch zwischen Aufopferung und Enteignung eine „Verwandtschaft" derart vor, daß sich diese beiden Rechtsinstitute heute im wesentlichen nur durch ihr Eingriffsobjekt — einmal immaterielle Güter, einmal Eigentum — unterscheiden[20]. Insoweit kommt für die Aufopferung daher eine analoge Anwendung des die Kompetenzfrage für die Enteignung regelnden Art. 74 Nr. 14 GG in Betracht.

Gem. Art. 74 Nr. 14 GG erstreckt sich die konkurrierende Gesetzgebung des Bundes auf „das Recht der Enteignung, soweit sie auf den Sachgebieten der Art. 73 und 74 GG in Betracht kommt". Da dem Bund gem. Art. 74 Nr. 19 GG Maßnahmen gegen gemeingefährliche und übertragbare Krankheiten ausdrücklich zugewiesen sind, stünde dem Bund, falls in diesem Zusammenhang Enteignungsfragen auftreten, für diese gem. Art. 74 Nr. 14 GG die Gesetzgebungskompetenz zu. Folglich steht ihm analog Art. 74 Nr. 14 GG in Verbindung mit Art. 74 Nr. 19 GG für die Regelung der Aufopferungsentschädigung bei Impfschäden die Gesetzgebungskompetenz zu.

---

[17] Bullinger S. 76.
[18] Larenz, 2. Aufl., S. 359 Anm. 2; Kaufmann S. 1; Puchta, Pandekten, S. 22.
[19] Larenz, 2 Aufl., S. 359 Anm. 2; Kaufmann, Analogie und Natur der Sache, S. 1.
[20] Vgl. Bender, Staatshaftung, S. 33 Anm. 43; Rüfner, 49. DJT, E 33.

2. Analogie zu Art. 74 Nr. 14 GG

Gegen die Zuständigkeit des Bundes spricht auch nicht, daß es bei der Zuständigkeit der Länder blieb, solange der Bund von dieser ungeschriebenen Gesetzgebungskompetenz keinen Gebrauch gemacht hatte[21]. Die Entschädigungsregelung für Impfschäden ist ein Annex zu der ausdrücklich zugeteilten Kompetenz gemäß Art. 74 Nr. 19 GG oder folgt aus der Analogie zu Art. 74 Nr. 14 GG in Verbindung mit Art. 74 Nr. 19 GG. In beiden Fällen handelt es sich um den Bereich der konkurrierenden Gesetzgebung des Bundes. Dabei ist der Landesgesetzgeber so lange und so weit zuständig, wie der Bund von seiner Kompetenz keinen Gebrauch gemacht hat (Art. 72 GG).

So hatten denn auch einzelne Länder eigene Impfentschädigungsregelungen erlassen. Nach § 18 Abs. 3 Seuchenbekämpfungsergänzungsgesetz des Landes Berlin[22] war eine angemessene Entschädigung aus öffentlichen Mitteln zu gewähren, wenn eine Pflichtimpfung zu erheblichen, insbesondere zu dauernden gesundheitlichen Schäden geführt hat.

Spezielle Gesetze über die Entschädigung bei Erkrankung und Körperschäden als Folge von Impfungen schufen sich die Länder Nordrhein-Westfalen[23] und Hessen[24]. Nach § 1 ImpfschädenGNRW erhielt derjenige, der im Lande Nordrhein-Westfalen auf Grund einer gesetzlichen Vorschrift geimpft wurde. für einen infolge der Impfung eingetretenen Schaden vom Land Nordrhein-Westfalen eine Entschädigung. Das fünf Jahre später zustandegekommene Impfschädengesetz des Landes Hessen billigte in seinem § 1 neben der Entschädigung für gesetzlich vorgeschriebene Impfungen auch demjenigen eine Entschädigung zu, der sich auf Grund einer öffentlichen Aufforderung der obersten Gesundheitsbehörde des Landes impfen ließ. Dieses Gesetz regelte die Aufopferungsansprüche bei Impfschäden für Hessen auch für die Vergangenheit abschließend[25].

Die Landesimpfschadengesetze haben, unabhängig von ihrer Erwähnung in § 85 Abs. 1 BSeuchG, mit dem Inkrafttreten des Bundesseuchengesetzes im Jahre 1961[26] gemäß Art. Art. 31, 70, 72 GG aufgehört zu gelten. Dies geschah aber nicht, weil sie gegen den Verfassungsgrundsatz der Aufopferung verstießen, sondern weil sie kompetenzwidrig geworden waren.

---

[21] Vgl. dazu Zuleeg in DVBl. 1963, 320 (323).
[22] Vom 8. Nov. 1951 GVBl. Berlin 1951, S. 1105 ff., aufgeh. durch § 85 Abs. 1 BSeuchG
[23] Vom 10. Februar 1953, GVBl. NRW 1953, S. 166, aufgehoben durch § 85 Abs. 1 BSeuchG.
[24] Vom 6. Oktober 1958, GVBl. Hessen 1958, S. 147, aufgehoben durch § 85 Abs. 1 BSeuchG.
[25] So BGH in MDR 1959, 192.
[26] Vgl. § 85 Abs. 1 BSeuchG.

3. Ergebnis

Zusammenfassend kann festgestellt werden, daß die Gesetzgebungszuständigkeit des Bundes für die Aufopferungsentschädigung bei Impfschäden gegeben ist. Die angestellte Untersuchung hat gezeigt, daß der Streit um den Analogiebegriff und sein Zusammenhang mit der Natur der Sache an der Regelungsbefugnis des Bundes für die Aufopferungsentschädigung bei Impfschäden nichts ändert.

Schließlich sprechen auch die vor Inkrafttreten des Bundesseuchengesetzes erlassenen Landesimpfschadensgesetze aus den genannten Gründen nicht gegen die Zuständigkeit des Bundes.

Die im Bundesseuchengesetz getroffenen Entschädigungsregelungen sind somit *kompetenzrechtlich* nicht zu beanstanden.

IX. Regelungen im Bundesseuchengesetz

Nunmehr ist zu untersuchen, ob die Regelungen im Bundesseuchengesetz den Anforderungen des bundesverfassungsrechtlichen Aufopferungsanspruchs genügen.

Da der Gesetzgeber mit dem Bundesseuchengesetz eine umfassende Regelung auf dem Gebiete der Impfschäden treffen wollte[1], müssen alle denkbaren Impfungen, die zu einem Schaden führen können, der den allgemeinen Aufopferungsanspruch zur Entstehung gelangen ließ, erfaßt sein. Nur dann kann von einer umfassenden, den allgemeinen Aufopferungsanspruch ausschließenden Regelung gesprochen werden.

1. Arten der Impfung

In den §§ 51 ff. des BSeuchG vom 18. Juli 1961[2] wurden erstmalig Entschädigungsansprüche der Impfgeschädigten bundesgesetzlich als Anwendungsfall des Aufopferungsanspruchs[3] geregelt. Der Gesetzgeber ist dabei den von der Rechtsprechung[4] entwickelten und in den

---

[1] Vgl. BT-Drucksache VI, 1568, S. 6.

[2] BGBl I, S. 1012.

[3] So auch die amtl. Begründung zum Entwurf eines 3. Änderungsgesetzes, BT-Drucksache VI 1568, S. 6.

[4] BGHZ 9, 83:
„Ein Aufopferungsanspruch kann nach dem in § 75 EinlALR enthaltenen Rechtsgrundsatz auch bei *auf Gesetz beruhenden Eingriffen* und auch bei Eingriffen in die körperliche Unversehrtheit (Impfschäden) gegeben sein."
BGHZ 24, 45:
„Ein Aufopferungsanspruch bei einem Impfschaden kann auch dann gegeben sein, wenn der Staat, um eine allgemeine Schutzimpfung herbeizuführen, nicht einen gesetzlichen Zwang, *wohl aber* (durch entsprechende Merkblätter) *auf die Eltern der zu impfenden Kinder einen Gewissenszwang ausübt,* der ihnen eine eigene Entschließung über die Impfung ihrer Kinder nur noch der Form nach zugesteht." (s. a. Anm. zu dieser Entscheidung von Schack in JZ 1957, 553.)
BGHZ 31, 187:
„Das einen Aufopferungsanspruch wegen Impfschadens begründende Abverlangen eines Sonderopfers an der Gesundheit kann auch darin bestehen, daß der Staat zu einer — in der Regel ungefährlichen — allgemeinen Schutzimpfung *rät, wenn der Geschädigte oder der Erziehungsberechtigte erwartungsgemäß der Impfung zustimmt, weil er dem Rat vertraut und sich der Rücksicht auf das Gemeinwohl fügt.*"

bisherigen Landesgesetzen[5] zum Teil schon festgelegten Unterteilungen der verschiedenen Voraussetzungen gefolgt, die den einzelnen verpflichten oder veranlassen, sich impfen zu lassen.

a) Pflichtimpfung

Gemäß § 51 Abs. 1 BSeuchG werden Gesundheitsschäden als Folge einer gesetzlich vorgeschriebenen Impfung entschädigt.

Eine Verpflichtung zur Impfung wird im Bundes-Seuchengesetz selbst nicht statuiert. Vielmehr gibt es zur Zeit nur eine bundeseinheitliche durch Gesetz erzwingbare Impfung[6], und zwar die Pockenschutzimpfung nach dem Reichsimpfgesetz[7] (Erst- sowie einmalige Wiederimpfung).

Die Fortgeltung[8] dieses Gesetzes, von der auch das Bundes-Seuchengesetz[9] ausgeht, ergibt sich aus den Art. 123 Abs. 1, 125 GG.

Das Reichsimpfgesetz ist nach erfolgter Zustimmung des Bundesrates und des Reichstages, also nach einem gemäß der Verfassung des Deutschen Reiches[10] geregelten Verfahren[11] zustande gekommen und als Impfgesetz im Reichsgesetzblatt[12] veröffentlicht worden. Damit stellt es im Sinne von Art. 123 Abs. 1 GG Recht aus der Zeit vor dem Zusammentritt des Bundestages dar.

Weitere Voraussetzungen für die Fortgeltung gemäß Art. 123 Abs. 1 GG ist, daß dieses Recht dem Grundgesetz nicht widerspricht.

Es ist daher festzustellen, ob die Erzwingbarkeit der Impfung mit Art. 2 Abs. 2 S. 1 GG vereinbar ist. Dieses Grundrecht ist durch Gesetz einschränkbar. Allerdings muß dieses einschränkende Gesetz den Anforderungen des Art. 19 GG entsprechen. Die Vorschrift des Art. 19 Abs. 1 Satz 2 GG — wonach das Grundrecht im Falle der Einschränkung unter Angabe des Artikels genannt werden muß — bezieht sich jedoch nur auf künftige Rechtsetzung[13] und ist auf vorkonstitutionelle Gesetze nicht anwendbar[14].

---

[5] So billigte § 1 des Hess. Impfschädensgesetzes (vom 6. Oktober 1958, GVBl. Hessen 1958, S. 147) Entschädigung auch dann zu, wenn der Schaden auf Grund einer von der obersten Gesundheitsbehörde empfohlenen Impfung eintrat.

[6] Seiffertitz-Thomaschewski, Erl. zu § 51, S. 172.

[7] Vom 8. April 1874, RGBl. I, S. 31; BGBl. III Nr. 2126—5.

[8] Vgl. zur Fortgeltung vorkonstitutionellen Rechts Stern, JuS 1961, 350 ff.

[9] Vgl. § 20 Ziff. 1 BSeuchG und BGBl. III Nr. 2126—5.

[10] Vom 16. April 1871, RGBl. S. 64.

[11] Vgl. Art. 2 a RV.

[12] RGBl. 1874, S. 31.

[13] BVerfGE 2, 121 (121).

[14] BVerfGE 5, 13 (16); BVerfGE 28, 36 (46); BGHZ 5, 46 (54).

1. Arten der Impfung

Doch darf auf keinen Fall ein einschränkendes Gesetz den Wesensgehalt eines Grundrechtes antasten (Art. 19 Abs. 2 GG). Nach der Argumentation des Bundesgerichtshofes[15] wird „ein Grundrecht durch einen gesetzlichen Eingriff dann in seinem Wesensgehalt angetastet, wenn durch den Eingriff die wesensgemäße Geltung und Entfaltung des Grundrechtes stärker eingeschränkt würde, als dies der sachliche Anlaß und Grund, der zu dem Eingriff geführt hat, unbedingt und zwingend gebietet. Der Eingriff darf also nur bei zwingender Notwendigkeit und in dem nach Lage der Sache geringstmöglichen Umfang vorgenommen werden und muß zugleich von dem Bestreben geleitet sein, dem Grundrecht gleichwohl grundsätzlich und im weitestmöglichen Umfang Raum zu lassen".

In seinem Gutachten führt der Bundesgerichtshof[16] aus, daß in England, wo infolge der dort bestehenden Gewissensklausel nur etwa 50 %/o der Kinder geimpft wurden, in den Jahren 1926—1932 kleinere Epidemien andauerten. Weil in anderen Teilen der Welt große Seuchenherde fortbestünden, sei auch in Europa die Möglichkeit der Pockeneinschleppung gegeben, so daß jede Lockerung des Impfzwanges von neuem die Gefahr epidemischer Volkserkrankungen heraufbeschwören würde. Der im Reichsimpfgesetz[17] angeordnete Impfzwang sei daher „immer noch"[18] als zumutbar und verfassungsmäßig[19] anzusehen. Während der mehr als 20 Jahre seit Erscheinen dieses Gutachtens des Bundesgerichtshofes kann eine Änderung der darin genannten tatsächlichen Voraussetzungen nicht festgestellt werden. Seit kurzem beschäftigt sich allerdings die ständige Impfkommission des Bundesgesundheitsamtes mit der Frage, ob und in welcher Weise aus medizinischen Gründen das Reichsimpfgesetz beibehalten werden soll. Eine entsprechende Anfrage richtete die Arbeitsgemeinschaft leitender Medizinalbeamter der Länder an das Bundesgesundheitsamt[20]. Dort beschäftigt sich die ständige Impfkommission[21] des Bundesgesundheitsamtes mit dieser Frage.

Ein Arbeitsergebnis dieser Kommission liegt noch nicht vor. Ausschlaggebend für die Untersuchung ist die Überlegung, ob angesichts

---

[15] BGHSt 4, 375 (377).
[16] BGHSt 4, 375 (378).
[17] Vom 8. April 1874, RGBl 31.
[18] Das BGH-Gutachten datiert vom 25. Januar 1952.
[19] So im Ergebnis auch: BVerwGE 9, 78 (79); VGH Stuttgart DÖV 1958, 159 (159); OVG Lüneburg MDR 1955, 633 (633) = DVBl 1955, 539 (540); OLG Celle NJW 1958, 1407 (1407); Maunz-Dürig-Herzog, Art. 2 Abs. 2, Rdziff. 39; Mangoldt-Klein, Anm. V 3 zu Art. 2, S. 187; Kern S. 62.
[20] Mündliche Information von Prof. Raettig (Bundesgesundheitsamt) an den Verfasser.
[21] Sie besteht aus den Fachreferenten des Bundesgesundheitsamtes und führenden Fachwissenschaftlern der Bundesrepublik.

der geringen Gefahr, die heute in der Bundesrepublik noch von den Pocken ausgeht, die Pflichtimpfung des Reichsimpfgesetzes durch eine empfohlene Impfung ersetzt werden könne[22].

In den fünf Jahren vom 1. Januar 1958 bis 31. Dezember 1962 erkrankten in beiden Teilen Deutschlands insgesamt 62 Menschen an Pocken, von denen sechs starben[23]. In den letzten Jahren waren in der Bundesrepublik 65 Personen an Pocken erkrankt, acht davon starben[24]. In den Jahren 1961 bis 1970 wurde die Krankheit 28mal in Europa eingeschleppt. Jede Einschleppung hatte durchschnittlich 13,9 Krankheitsfälle zur Folge[25].

Die Gefahren der Impfung werden als gering angesehen. Nach statistischen Erhebungen[26] ereigneten sich im Laufe von sechs Jahren in der Bundesrepublik bei 38 694 Erstimpflingen und 3 888 324 Wiederimpflingen je ein Todesfall.

Erst das Arbeitsergebnis der Impfkommission wird zeigen, ob die jetzige Regelung im Reichsimpfgesetz medizinisch nicht mehr erforderlich und damit entsprechend den Ausführungen im Gutachten des Bundesgerichtshofes[27] nicht mehr verfassungsgemäß ist.

Obwohl das Impfgesetz von der Impf-„Verpflichtung" spricht[28], hat sich seit langer Zeit der Begriff der Zwangsimpfung oder des Impfzwangs im juristischen Sprachgebrauch eingebürgert[29]. Es wäre jedoch empfehlenswerter, das Wort Impfzwang zumindest durch die vom Bundesseuchengesetz gewählte Wortfolge „gesetzlich vorgeschriebene Impfung"[30] oder gar durch das Wort „Pflichtimpfung" zu ersetzen. Nach dem Gesetzeswortlaut besteht nämlich zuerst einmal eine Pflicht zur Impfung, der nachzukommen ist. Erst für den Fall, daß dieser Pflicht nicht gefolgt wird, kann ein staatlich ausgeübter Zwang einsetzen. Der Begriff „Impfzwang" verbietet sich aber nicht nur aus diesen Gründen logischen Aufeinanderfolgens, sondern auch deshalb, weil mit dem Wort „Pflicht" zunächst an die Verantwortung des einzelnen gegenüber der

---

[22] Mündliche Information von Prof. Raettig (Bundesgesundheitsamt) an den Verfasser.

[23] Anders in Anders-Lundt, Pockenbekämpfung, S. 3.

[24] Von Randow S. 59.

[25] Von Randow S. 59.

[26] Nachgewiesen bei Petzelt-Hohberg in Spiess S. 338 (339).

[27] BGHSt 4, 375 ff.

[28] So in § 15; auch der Begriff „Impfpflichtiger" wird gebraucht.

[29] So auch BGHSt 4, 375 ff.; BGH in NJW 1967, 621 (622); OLG München in NJW 1970, 1236; v. Mangoldt-Klein, Anm. V 3 zu Art. 2, S. 187 und Anm. VII 2 zu Art. 2, S. 190.

[30] So auch BGHSt 4, 375 ff.; v. Mangoldt-Klein Anm. V 3 zu Art. 2, S. 187 u. Anm. VII 2 zu Art. 2, S. 190.

Gesamtheit erinnert wird[31]. Ohne freilich diese Überlegungen anzustellen, gebraucht bisher nur Hartung[32] den Begriff „Pflichtimpfung" konsequent als terminus technicus für alle vom Staat angeordneten Impfungen.

b) Begrenzte Pflichtimpfung

Gemäß § 15 Abs. 1 S. 1 BSeuchG ist der Bundesgesundheitsminister ermächtigt, mit Zustimmung des Bundesrates durch Rechtsverordnung Schutzimpfungen gegen Pocken, Cholera, Typhus-abdominalis und Diphterie für bedrohte Teile der Bevölkerung anzuordnen, wenn eine dieser Krankheiten in bösartiger Form auftritt und mit ihrer epidemischen Verbreitung zu rechnen ist. Alle Voraussetzungen zur Anordnung dieser Pflichtimpfung sind voneinander abhängig. Hartung[33] spricht von „stets von vornherein zeitlich, örtlich und personell begrenzten Maßnahmen". Er wählt daher den Begriff der begrenzten Pflichtimpfung. Gesundheitsschäden als Folge solcher begrenzten Pflichtimpfungen sind gemäß § 51 Abs. 1 Ziff. 2 BSeuchG n. F.[34] entschädigungspflichtig.

c) Empfohlene Impfung

Gemäß § 51 Abs. 1 Ziff. 3 BSeuchG n. F.[35] sind auch solche Impfschäden entschädigungspflichtig, die infolge einer von einer zuständigen Behörde öffentlich empfohlenen Impfung auftreten. Diese gesetzliche Regelung normierte die im Merkblatt-Fall[36] getroffene Entscheidung des Bundesgerichtshofs, „daß ein den Staat zur Entschädigung verpflichtender Aufopferungsanspruch auch dann gegeben sein kann, wenn der Staat, um eine allgemeine Schutzimpfung herbeizuführen, nicht einen gesetzlichen Zwang, wohl aber durch entsprechende Merkblätter auf die Eltern der zu impfenden Kinder einen Gewissenszwang ausübt, der ihnen eine eigene Entschließung über die Impfung ihrer Kinder nur noch der Form nach zugesteht".

Die Regelung im Bundesseuchengesetz umfaßt darüber hinaus auch die vom Bundesgerichtshof[37] später getroffene Entscheidung, daß ein einen Aufopferungsanspruch wegen Impfschadens begründendes

---

[31] „Es entspricht demokratischem Denken, die Pflichten in den Vordergrund zu stellen." So in anderem Zusammenhang, aber auch hierfür zutreffend: Peters, Kap. 8, II, S. 143.
[32] Hartung-Richter S. 173.
[33] Hartung-Richter S. 174.
[34] Entspricht § 51 Abs. 1 S. 1 BSeuchG a. F.
[35] Entspricht § 51 Abs. 1 BSeuG a. F., allerdings mit dem Unterschied, daß die Empfehlung von einer „Gesundheitsbehörde" erfolgt sein mußte.
[36] BGHZ 24, 45 ff.
[37] BGHZ 31, 187 ff. vom 23. November 1959.

„psychologisches Abverlangen" eines Sonderopfers an Gesundheit auch darin bestehen kann, daß der Staat zu einer — in der Regel ungefährlichen — allgemeinen Schutzimpfung rät, wenn der Geschädigte oder der Erziehungsberechtigte erwartungsgemäß der Impfung zustimmt, weil er dem Rat vertraut und sich der Rücksicht auf das Gemeinwohl fügt, also auch dann schon, wenn ein „Gewissenszwang" nicht bestanden hat.

d) Reiseimpfung

Eine Neuerung gegenüber der ursprünglichen Fassung des Bundesseuchengesetzes stellt der jetzige § 51 Abs. 1 Ziff. 4 BSeuchG dar. Danach werden Gesundheitsbeeinträchtigungen bei Impfungen entschädigt, die auf Grund der Verordnungen zur Ausführung der „Internationalen Gesundheitsvorschriften" durchgeführt worden sind. Dabei handelte es sich ursprünglich um die „Internationalen Gesundheitsvorschriften vom 25. Mai 1951" (Vorschriften Nr. 2 der Weltgesundheitsorganisation), denen die Bundesrepublik mit Gesetz vom 21. Dezember 1955[38] beigetreten ist, und die dadurch auch für die Bundesrepublik Deutschland geltendes Recht geworden sind. Zunächst hatte der Gesetzgeber diese und weitere internationale[39] und nationale[40], den internationalen Verkehr betreffende Vorschriften im Gesetzestext ausdrücklich nennen wollen[41]. Im Verlauf des Gesetzgebungsverfahrens wurde jedoch darauf verzichtet, da zwischenzeitlich die internationalen Gesundheitsvorschriften vom 25. Mai 1951 durch neue vom 25. Juli 1969 ersetzt wurden und der Gesetzgeber „auch künftig mit Änderungen dieser Verordnungen" rechnet[42]. Daher wurde der jetzt gewählte allgemeine Bezug auf die Internationalen Gesundheitsvorschriften für die zweckmäßigere Formulierung gehalten.

Nach den internationalen Vorschriften steht es den obersten Gesundheitsbehörden eines Landes unter bestimmten Voraussetzungen zu, von Reisenden auf einer internationalen Reise den Nachweis einer Schutzimpfung zu fordern[43].

---

[38] BGBl 1955, II, S. 1060.
[39] VO zur Ausführung der Internat. Gesundheitsvorschriften im Luftverkehr vom 26. Juli 1960, BGBl I, S. 594.
[40] VO zur Ausführung der Internat. Gesundheitsvorschriften vom 25. Mai 1951 in Häfen und auf dem Nord-Ostsee-Kanal vom 28. April 1961, BGBl I, S. 502.
[41] So noch der Gesetzentwurf der BReg, BT-Drucksache VI 1568, S. 2.
[42] So schriftlicher Bericht des Ausschusses für Jugend, Familie und Gesundheit (12. Ausschuß), BT-Drucksache VI 2167, S. 3.
[43] Welche Länder einen Impfnachweis bei der Einreise verlangen und auf welche Impfungen sich dieser Nachweis erstrecken muß, darüber geben die regelmäßigen Veröffentlichungen der Weltgesundheitsorganisation in den Weekly Epedemiological Records Auskunft. Laufende Nachträge werden ebenfalls dort veröffentlicht.

Unter einer internationalen Reise ist zu verstehen[44]:

— bei einem Schiff oder einem Luftfahrzeug eine Reise zwischen Häfen oder Flughäfen in den Hoheitsgebieten von mehr als einem Staat, oder eine Reise zwischen Häfen oder Flughäfen in dem Hoheitsgebiet oder in den Hoheitsgebieten desselben Staates, wenn das Schiff oder Luftfahrzeug mit dem Hoheitsgebiet irgendeines anderen Staates auf seiner Reise in Berührung kommt, jedoch nur hinsichtlich dieser Berührung;

— bei einer Person eine Reise, die mit einer Einreise in das Hoheitsgebiet eines Staates verbunden ist, das nicht dasjenige des Staates ist, in dem diese Person die Reise antritt.

e) Impfungen Deutscher außerhalb des Geltungsbereichs des Grundgesetzes

aa) Auslandsimpfungen

Nach § 51 Abs. 2 BSeuchG n. F. wird ein Impfschaden auch dann entschädigt, wenn er auf einer außerhalb des Geltungsbereichs des Gesetzes vorgenommenen Pockenimpfung beruht, der Geschädigte deutscher Staatsangehöriger ist und zu der Impfung nach dem (Reichs-)impfgesetz[45] bei einem Aufenthalt in der Bundesrepublik verpflichtet gewesen wäre. Die Impfung muß außerdem von einem Arzt vorgenommen sein.

Mit dieser Regelung ist z. B. an Kinder von Angehörigen des diplomatischen Dienstes und der Bundeswehr gedacht, die sich dienstlich im Ausland aufhalten. Ebenso soll die Regelung Kindern von sonstigen, aus beruflichen Gründen oder zur Ausbildung im Ausland weilenden Deutschen Entschädigung gewähren[46]. Nach Ansicht des Gesetzgebers[47] entspricht diese Regelung der Billigkeit, weil die Bundesrepublik ein Interesse daran haben muß, daß der Impfschutz gegen Pocken bei Personen, die in die Bundesrepublik zurückkehren, in gleichem Umfang gewährleistet ist wie bei den übrigen Bewohnern.

Unter diesem Aspekt ist schwer einzusehen, warum der Schutz nur Kindern von Personen gewährt werden soll, die sich aus beruflichen Gründen oder zur Ausbildung im Ausland aufhalten. Es ist durchaus denkbar, daß die vom Gesetzgeber vorgebrachten Gründe für diese Regelung auch auf Kinder von Personen zutreffen, die sich aus

---
[44] Habernoll, Handbuch der Schutzimpfung, S. 736.
[45] Vom 8. April 1874; RGBl S. 31.
[46] So die amtliche Begründung der BReg, BT-Drucksache VI/1568, S. 8.
[47] Amtl. Begr., BT-Drucksache VI/1568, S. 8.

privaten oder anderen, nicht im Gesetz genannten Gründen nicht nur vorübergehend, sondern für längere Zeit im Ausland aufhalten.

Die vom Gesetz getroffene, in ihrer Beschränkung auf einen bestimmten Personenkreis, von ihrer Zielsetzung eines umfassenden Pockenschutzes her gesehen, nicht einleuchtende Regelung läßt sich nur mit fiskalischen Bedenken erklären, die den Gesetzgeber das Risiko scheuen ließen, einen im Ausland lebenden, nur schwer überschaubaren Personenkreis in den Genuß dieser Entschädigungsregelung zu versetzen.

bb) Impfungen von Deutschen auf ehemaligem Reichsgebiet außerhalb der Bundesrepublik

Entschädigung erhält nach § 51 Abs. 3 BSeuchG n. F. auch, wer als Deutscher einen Impfschaden infolge einer auf Grund des (Reichs-) impfgesetzes[48] oder infolge einer in der DDR oder in Ost-Berlin gesetzlich vorgeschriebenen oder auf Grund eines Gesetzes angeordneten Pockenimpfung einen Impfschaden erlitten hat oder erleidet, soweit nicht auf Grund anderer gesetzlicher Vorschriften Entschädigung gewährt wird. Solche Ansprüche kann aber nur geltend machen, wer als Vertriebener, Flüchtling oder durch Familienzusammenführung entsprechend §§ 1, 3 und 94 des Bundesvertriebenengesetzes[49] seinen ständigen Aufenthalt im Geltungsbereich des Gesetzes genommen hat.

Diese Regelung betrifft insbesondere den Personenkreis der Vertriebenen und Flüchtlinge. Nach den Feststellungen des Gesetzgebers[50] gibt es Impfgeschädigte, die vor dem Zusammenbruch des Deutschen Reiches in dem außerhalb des Geltungsbereiches des Grundgesetzes liegenden Gebiet des Deutschen Reiches einen Impfschaden erlitten haben, und die sich seit Jahren vergeblich um eine Entschädigung bemühen, weil weder Bund noch Länder ohne eine ausdrückliche gesetzliche Regelung Ersatzleistungen für Schäden gewähren, die außerhalb ihres Hoheitsgebietes verursacht worden sind.

Keineswegs in allen diesen Fällen sind nach den Feststellungen der Bundesregierung[51] Leistungen nach dem Allgemeinen Kriegsfolgengesetz[52] möglich. Nach diesem Gesetz stand Vertriebenen aus dem ehemaligen Land Preußen ein Entschädigungsanspruch für Impfschäden gegen den Bund zu. Dieser Anspruch war aber gemäß § 28 AKG an eine einjährige Anmeldefrist geknüpft. Nur bei rechtzeitiger Anmeldung der Ansprüche und bei Vorliegen der Wohnsitzvoraussetzungen

---

[48] Vom 8. April 1874, RGBl S. 31.
[49] Vom 19. Mai 1953, BGBl I, S. 201 in der Neufassung vom 3. September 1971, BGBl I, S. 1566; vgl. auch BT-Drucksache VI/1568, S. 8.
[50] BT-Drucksache VI/1568, S. 8.
[51] BT-Drucksache VI/1568, S. 8.
[52] Vom 5. November 1957, BGBl I, S. 1747.

nach § 6 AKG[53] sowie Nachweis des Schadens und seiner Verursachung durch eine staatlich angeordnete Impfung stand dem Geschädigten nach §§ 5 Abs. 1, 25 Abs. 1 AKG in Verbindung mit § 75 EinlALR ein Entschädigungsanspruch gegen den Bund anstelle des ehemaligen Landes Preußen zu.

f) Würdigung

Der Gesetzgeber[54] ging davon aus, daß die Entschädigungsregelung der § 51 ff. BSeuchG die Normierung eines Spezialfalles der Aufopferung darstellte.

Umfaßte das Bundesseuchengesetz zunächst die Pflichtimpfung, begrenzte Pflichtimpfungen und empfohlene Impfungen als entschädigungspflichtige Tatbestände, so wurde mit Erlaß des Zweiten Änderungsgesetzes die Zahl der entschädigungspflichtigen Impfungen auf Reiseimpfungen und auf die Impfungen gem. § 51 Abs. 2 und 3 BSeuchG erweitert.

Bei der empfohlenen und der Reiseimpfung treten Bedenken auf, ob hier tatsächlich noch die Regelung eines Spezialfalles der Aufopferung vorliegt. Fraglich erscheint insbesondere, ob in diesen Fällen die Aufopferungsbestandsmerkmale „hoheitliche Maßnahmen" und „zum Wohle der Allgemeinheit" noch vorliegen.

Die Rechtsprechung des Bundesgerichtshofs[55] zur empfohlenen Impfung läßt seit der Merkblattentscheidung[56] eine noch extensivere Auslegung des Aufopferungstatbestandes erkennen, indem er einen Gewissenszwang oder ein psychologisches Abverlangen ausreichen läßt. Der Begriff der „hoheitlichen Maßnahme" hat damit eine Aufweichung erfahren[57], die ihre Rechtfertigung aber unter dem Gesichtspunkt der Sozialstaatlichkeit und der daraus folgenden besonderen staatlichen Fürsorgepflicht findet.

In der Tat liegt ein Befolgen einer staatlichen Aufforderung oder Empfehlung einer Impfung im Interesse des allgemeinen Wohles, da dadurch Seuchengefahren von der Allgemeinheit abgewendet werden sollen. Schließlich ist sogar zu erwägen, ob nicht unabhängig von der Seuchengefahr für die Allgemeinheit eben für diese aus sozialstaatlichen Gründen ein Interesse an der Gesunderhaltung des einzelnen (Geimpften) besteht. Die Allgemeinheit hätte ihn sonst für den Fall der Erkrankung und Notlage zu unterstützen.

---

[53] Stichtag: 31. Dezember 1952.
[54] BT-Drucksache VI/1568, S. 6.
[55] BGHZ 24, 45; BGHZ 25, 239.
[56] BGHZ 24, 45.
[57] Vgl. dazu auch Lieberwirth, NJW 1959, 796 ff.

Der infolge einer empfohlenen Impfung eingetretene Impfschaden erfüllt aus diesen Gründen die Merkmale des allgemeinen Aufopferungstatbestandes.

Im Gegensatz zu den Pflichtimpfungen und begrenzten Pflichtimpfungen, die zu erdulden der Bürger infolge staatlicher Anordnung verpflichtet ist und die daher alle betroffenen Bürger gleichermaßen unmittelbar treffen, geht der Verpflichtung zur Reiseimpfung der frei gefaßte Entschluß des Bürgers voraus, die Reise zu unternehmen. Insofern könnte auch hier das Merkmal der hoheitlichen Maßnahme entfallen.

Jeder Deutsche hat grundsätzlich das Recht, ins Ausland zu reisen. Zwar gilt der Grundsatz der Freizügigkeit des Art. 11 GG nur für das Bundesgebiet[58]; das Recht, eine Auslandsreise zu unternehmen, sei es auch nur eine Vergnügungsreise, ergibt sich jedoch aus dem Grundrecht auf freie Entfaltung der Persönlichkeit im Rahmen des Art. 2 GG[59]. Dementsprechend legt die Bundesrepublik Auslandsreisen ihrer Bürger grundsätzlich keine Hindernisse in den Weg.

Befinden sich Deutsche also legitimerweise im Ausland und wird von ihnen für die Wiedereinreise der Nachweis einer erfolgreichen Impfung verlangt, so stellt das einen staatlichen Eingriff in ihr ansonsten uneingeschränktes Recht dar, in die Heimat zurückzukehren. Solange die Bundesrepublik bei der Wiedereinreise diesen Nachweis verlangt, kann es für das Merkmal der hoheitlichen Maßnahme auch keinen Unterschied machen, ob das Einreiseland den Nachweis einer Impfung ebenfalls verlangt oder nicht[60]. Die Forderung der Bundesrepublik auf Nachweis einer Impfung bei der Wiedereinreise beruht auf dem staatlichen Interesse der Seuchenabwehr zugunsten des allgemeinen Wohls.

Es werden vom Bundesseuchengesetz n. F. alle staatlich angeordneten Impfungen dem Grunde nach erfaßt. Somit ist keine Impfung denkbar, die bei Auftreten eines Schadens nach allgemeinem Aufopferungsrecht entschädigungspflichtig wäre und vom Bundesseuchengesetz nicht erfaßt wird.

2. Impfschaden

Durch das zweite Gesetz zur Änderung des Bundesseuchengesetzes[61] sind die §§ 51 ff. BSeuchG über die Entschädigung von Impfschäden umfassend geändert worden[62].

---

[58] BVerfGE 2, 266 (273).
[59] OLG München in NJW 1970, 1236 (1237); vorher schon: BVerfG 6, 32 ff. (Elfes); vgl. dazu im einzelnen auch Merten, Freizügigkeitsrecht § 9, S. 42 ff. und § 18, II, S. 114 ff. (116).
[60] Vgl. dazu OLG München in NJW 1970, 1236 (1238).
[61] Vom 25. August 1971, BGBl I, S. 1401.

2. Impfschaden

a) Legaldefinition

Die erstmals bundesgesetzlich gegebene Legaldefinition des Impfschadens faßt die zunächst durch die Rechtsprechung gewonnenen Erkenntnisse zusammen[63]. Nach § 52 Abs. 1 BSeuchG n. F. liegt ein Impfschaden vor, wenn bei einem Geimpften durch die Impfung ein über das übliche Ausmaß einer Impfreaktion hinausgehender Gesundheitsschaden eintritt. Darüber hinaus sieht das Gesetz einen Impfschaden auch dann als gegeben, wenn eine gesundheitliche Schädigung bei einem Dritten durch Aufnahme von Geimpften ausgeschiedener lebender Erreger erfolgt. Insoweit erweitert das Gesetz die bereits in der ersten Novelle[64] des Bundesseuchengesetzes durch die §§ 14 a, 51 Abs. 4 BSeuchG a. F. getroffene Regelung, nach der Dritten schon Entschädigung bei der Infizierung durch vom Polio-Geimpften ausgeschiedene lebende Erreger gewährt wurde. Zu dieser Erweiterung sah sich der Gesetzgeber auf Grund der Fortentwicklung der Rechtsprechung des Bundesgerichtshofes zu Impfschäden veranlaßt. Dieser[65] hatte einer Mutter, die sich bei der Pflege ihres pockengeimpften Kindes infiziert und eine Augenerkrankung mit Teilerblindung erlitten hatte, Aufopferungsentschädigung zuerkannt.

b) Beweislast

Eine Veränderung gegenüber der alten Fassung des Bundesseuchengesetzes brachte das zweite Änderungsgesetz auch hinsichtlich der Beweislage. Der durch das erste Änderungsgesetz eingefügte Absatz 4 des § 51 BSeuchG sah eine gesetzliche Vermutung und somit eine Umkehr der Beweislast nur für Fälle der Polio-Impfung mit lebenden Erregern vor. Danach galt der Gesundheitsschaden eines nicht poliogeimpften Dritten als durch die Erreger des Geimpften ausgelöst, wenn diese Krankheit möglicherweise durch diese Erreger verursacht sein konnte.

Ein Entschädigungsanspruch entfiel nur dann, wenn der Schaden nach wissenschaftlicher Erkenntnis mit an Sicherheit grenzender Wahrscheinlichkeit nicht durch ausgeschiedene Erreger hervorgerufen sein konnte.

Demgegenüber sieht die neue Regelung in § 52 Abs. 2 BSeuchG n. F. eine Beweiserleichterung für alle Fälle vorgeschriebener, angeordneter

---

[62] Vgl. den Gesetzentwurf der Bundesregierung mit der amtlichen Begründung, BT-Drucksache VI/1568, Vorblatt und S. 2, 6.
[63] Schaden des Geimpften selbst: BGHZ 9, 83 (86 f.); BGHZ 17, 172 (173); BGHZ 36, 379 (389); Schaden einer dritten Person: BGHZ 45, 290 ff.
[64] Vom 23. Januar 1963, BGBl I, S. 57.
[65] BGHZ 45, 290 ff.

oder empfohlener Impfungen vor, indem sie zur Anerkennung eines Gesundheitsschadens als Folge einer Impfung den Nachweis der Wahrscheinlichkeit des ursächlichen Zusammenhangs genügen läßt. Diese Regelung ist also eine Erweiterung gegenüber dem bisherigen Zustand, weil sie alle vom Gesetz erfaßten Impfungen, und nicht nur die Polio-Impfung mit lebenden Erregern betrifft. Für diese Polio-Impfung mit lebenden Erregern stellt sie jedoch eine Einschränkung der Beweislage dar, weil sie nur noch zu einer Erleichterung des Beweises, aber nicht mehr zu einer direkten Umkehr der Beweislast führt.

3. Enumeration — Aufpfropfung des Bundesversorgungsgesetzes

§ 52 BSeuchG a. F. zählte die Entschädigungsleistungen im einzelnen auf, wobei sich der Gesetzgeber hinsichtlich des *Umfangs* an die entsprechenden Regelungen des Bundesversorgungsgesetzes anlehnte[66]. Vorher hatte sogar das hessische Impfschadengesetz[67] ausdrücklich eine Anwendung der Bestimmungen des Bundesversorgungsgesetzes normiert[68]. Im § 52 BSeuchG a. F. wurden gewährt:

1. Kosten für Heilbehandlung
2. Gewährung einer Rente
3. Kosten für Anstaltspflege
4. Kosten der Bestattung
5. Gewährung von Hinterbliebenenrente
6. Gewährung von Erziehungsbeihilfen.

§ 53 BSeuchG a. F. erläuterte diese enumerativ genannten Entschädigungsleistungen näher. Der Gesetzgeber glaubte damals jedoch, die *Höhe* der Entschädigung im Gesetz nicht festlegen zu sollen, weil er davon ausging, daß es für den Impfgeschädigten günstiger wäre, wenn die Entschädigung jeweils den Umständen des einzelnen Falles entsprechend festgesetzt würde[69].

Die Rechtsprechung indessen benutzte bei der Bemessung der Entschädigung nach dem Bundesseuchengesetz a. F. teilweise das Bundesversorgungsgesetz als Richtlinie sowohl hinsichtlich des Umfangs als auch der Höhe der Leistungen[70]. Die Mehrzahl der Länder gewährte zwar Rentenleistungen in Anlehnung an die Sätze des Bundesversor-

---

[66] BT-Drucksache, 3. Wahlperiode III/1888, S. 29 zu §§ 50—55; so auch Küper in NJW 1961, 2045 (2047).
[67] Vom 6. Oktober 1958, GVBl Hessen 1958, S. 147.
[68] Siehe § 3 Abs. 2 Hess. ImpfschadenG.
[69] BT-Drucksache VI/1568, S. 6.
[70] BGHZ 29, 95 ff.; BGH in NJW 1963, 1673.

3. Enumeration — Aufpfropfung des Bundesversorgungsgesetzes

gungsgesetzes; einige Länder hielten aber den Aufopferungsanspruch nach dem Bundesseuchengesetz und die Versorgungsansprüche nach dem Bundesversorgungsgesetz für so verschiedenartig, daß sie eine Anwendung des Bundesversorgungsgesetzes ablehnten. In den letzten Fällen wurden häufig Leistungen gewährt, die nicht an die Höhe der Leistungen nach dem Bundesversorgungsgesetz heranreichten[71].

Durch das zweite Änderungsgesetz[72] vollzieht sich nunmehr nach § 51 Abs. 1 S. 1 BSeuchG die Entschädigungsleistung ausdrücklich als „Versorgung in entsprechender Anwendung des Bundesversorgungsgesetzes" vorbehaltlich besonderer Regelung. Der Impfgeschädigte wird also wie ein Kriegsopfer nach § 1 BVG[73] als Versorgungsfall behandelt. Dabei geht der Entschädigungstatbestand des § 51 Abs. 1 Satz 1 BSeuchG n. F. dem Wortlaut nach insofern über die alte Regelung hinaus, als jetzt die gesundheitlichen und wirtschaftlichen Folgen des Impfschadens generell staatliche Entschädigungsleistungen nach sich ziehen. Die allgemeine Formulierung des Entschädigungstatbestandes in § 51 Abs. 1 S. 1 BSeuchG n. F. ist wörtlich aus § 1 Abs. 1 BVG übernommen. § 51 Abs. 1 BSeuchG n. F. gestaltet die Entschädigung für Impfschäden als Versorgung nach dem Bundesversorgungsgesetz. Damit wird der ganz allgemein gehaltene, an die gesundheitlichen und wirtschaftlichen Folgen des Impfschadens anknüpfende Entschädigungstatbestand der Sache nach auf die Entschädigungsleistungen[74] nach dem Bundesversorgungsgesetz begrenzt. Diese Regelung, die Bedürfnissen der Verwaltungspraxis auch angesichts der an Umfang abnehmenden Kriegsopferversorgung entgegenkommen mag, liegt auf der gesetzgeberischen Linie der letzten Jahre. Danach wurde die entsprechende Anwendung des Bundesversorgungsgesetzes auf die Versorgung wegen gesundheitlicher Schäden nach dem Gesetz über die Unterhaltsbeihilfe für Angehörige von Kriegsgefangenen (KgfUnterhbeihG[75]), nach dem Häftlingshilfegesetz (HHG)[76], nach dem Soldatenversorgungsgesetz (SVG)[77] und nach dem Ersatzdienstgesetz (ErsDiG)[78] vom Gesetzgeber angeord-

---

[71] BT-Drucksache VI/1568, S. 6.
[72] Vom 25. August 1971, BGBl I, S. 1401.
[73] Zuletzt neugefaßt am 20. Januar 1967, BGBl I, S. 141, berichtigt S. 180; zuletzt geändert am 16. Dezember 1971, BGBl I, 1985.
[74] Der Versorgungsanspruch nach dem BVG ist ein öffentlich-rechtlicher Entschädigungsanspruch eigener Art, der insbesondere kein Schadensersatzanspruch ist, vgl. Wilke, BVG, § 1 Anm. 1, S. 15 f.
[75] Vom 13. Juni 1950, BGBl I, S. 204, i. d. F. d. Neubek. v. 18. März 1964, BGBl I, S. 219, § 6 i. V. m. § 1 KOVVerfG v. 2. Mai 1955, BGBl I, S. 202.
[76] v. 6. August 1955, BGBl I, S. 498, i. d. F. d. Neubek. v. 29. September 1969, BGBl I, S. 1793, § 10 Abs. 1 i. V. m. § 1 KOVVerfG, vgl. Fußnote 2.
[77] v. 26. Juli 1957, BGBl I, S. 785, i. d. F. d. Neubek. v. 20. Februar 1967, BGBl I, S. 202, § 80.
[78] v. 13. Januar 1960, BGBl I, S. 10, i. d. F. d. Neubek. v. 15. Juli 1965, BGBl I, S. 984, § 47.

IX. Regelungen im Bundesseuchengesetz

net. Deshalb wird das BVG auch als „Grundgesetz der Versorgung in allen Fällen, in denen ein öffentlich-rechtlicher Entschädigungsanspruch gegen den Staat wegen der Folgen gesundheitlicher Schäden gegeben ist", bezeichnet[79].

Diese Anpassung der Entschädigung wegen Impfschadens an das System des Bundesversorgungsgesetzes darf aber nicht den Blick dafür versperren, daß vor Erlaß des Bundesseuchengesetzes 1961 bei Impfschäden ein Aufopferungsanspruch gegeben war[80]. Der Versorgungsanspruch der Kriegsopfer ist aber mit diesem Aufopferungsanspruch gerade nicht identisch oder vergleichbar, „weil es insoweit daran fehlt, daß von dem Betroffenen als einzelnen oder als Glied eines begrenzten Personenkreises durch Eingriff von hoher Hand ein ihn im Vergleich zu anderen ungleich treffendes und anderen nicht zugemutetes Opfer verlangt worden ist"[81]. Danach ist also ein wesensmäßiger Unterschied zwischen der Kriegsopferversorgung, der der Gedanke des Sonderopfers fremd ist[82], und der im Einzelfall zu gewährenden Aufopferungsentschädigung zu sehen. Nur von diesem Ausgangspunkt war es auch möglich, daß das Bundessozialgericht[83] zu § 33 Abs. 2 S. 1 BVG damaliger Fassung entschied, daß die Aufopferungsentschädigung wegen Impfschadens sonstiges Einkommen, also keine Versorgung i. S. des Bundesversorgungsgesetzes ist. Auch der Bundesgerichtshof[84] hat die Regelung des Bundesversorgungsgestzes ausdrücklich als die für den Geschädigten hinsichtlich ihres Umfangs schwächere im Verhältnis zu der bei Impfschäden zu gewährenden Entschädigung bezeichnet. Einem Impfgeschädigten konnte — so der Bundesgerichtshof[85] — also eher mehr als einem nach dem Bundesversorgungsgesetz Begünstigten zustehen[86]. Durch die Zuordnung der Impfschadensregulierung zum Ver-

---

[79] Wilke, Einleitung, S. 13; vgl. auch Regierungsentwurf BT-Drucksache VI, 1568, S. 6 r. Sp.; Rüfner (49. DJT E 53) meint aber, das Bundesversorgungsgesetz werde „in absehbarer Zeit" in seinem Kernbereich an Bedeutung verlieren und hält es auch für „psychologisch ungeschickt" (Rüfner, E 53 Anm. 132), die Kriegsopferversorgung „ohne Umbenennung zur Grundlage allgemeiner Entschädigungsansprüche zu machen".
[80] Vgl. grundlegend BGHZ 9, 83 gegen RGZ 156, 305.
[81] BGHZ 20, 61 (64).
[82] BGH 20, 61 ff. Allerdings erlaubte der BGH bei der Berechnung der Leistungen im Rahmen von § 287 ZPO die Heranziehung der Maßstäbe des BVG, vgl. BGH in NJW 1963, 1673 und BGH in NJW 1970, 1231.
[83] BSGE 4, 121 (125 f.); die Ausführungen des Bundessozialgerichts über den Aufopferungsanspruch zeigen, daß das Gericht insoweit eine Gleichartigkeit oder Vergleichbarkeit mit dem Versorgungsanspruch offenbar nicht annahm, vgl. S. 126.
[84] BGH in NJW 1970, 1231 (1232).
[85] BGH in NJW 1970, 1231 (1232).
[86] Anderer Ansicht: Rüfner (49. DJT, E 32 u. E 37), der in seinem Gutachten über soziale Entschädigung die Behauptung wagt, daß eine hinreichend ausgestaltete soziale Entschädigung für die Mehrzahl der Geschädigten sogar mehr bietet als den Schadensersatzanspruch nach bürgerlichem Recht.

3. Enumeration — Aufpfropfung des Bundesversorgungsgesetzes

sorgungsrecht der Kriegsopfer nach dem Bundesseuchengesetz n. F. wurde eine die Natur des Aufopferungsanspruchs betreffende Gesetzesänderung vorgenommen: Ein Entschädigungsanspruch, der an sich von der Versorgung zu trennen ist, wurde zum Versorgungsanspruch ausgebildet. Doch steht es dem Gesetzgeber im Rahmen seiner Gestaltungsfreiheit zu, die in einem bestimmten Gesetz über Höhe, Art und Umfang der Entschädigung getroffenen Regelungen auch für einen anderen Fall gesetzlich verbindlich zu erklären. Eine solche Verweisung durch den Gesetzgeber ist aber nur so lange zulässig, als dadurch nicht gegen höherrangiges Recht verstoßen wird. Die Impfschadensbestimmungen des Bundesseuchengesetzes stellen die Regelung eines Spezialfalles des Aufopferungsanspruchs dar. Diesem kommt Verfassungsrang zu. Verfassungsrechtlich unzulässig wäre die nunmehr durch einfaches Gesetz angeordnete Anwendung der Vorschriften des Bundesversorgungsgesetzes auf Impfschäden dann, wenn sie zu einer Anspruchsverkürzung führte.

Der allgemeine Aufopferungsanspruch gewährt nach h. M.[87] dem einzelnen eine angemessene Entschädigung für sein zugunsten der Allgemeinheit erbrachtes Sonderopfer. Dem Betroffenen steht gemäß § 9 BVG Versorgung zu, die im wesentlichen umfaßt:

1. Heilbehandlung, Versehrtenleibesübungen und Krankenbehandlung (§§ 10 bis 24 a)
2. Leistungen der Kriegsopferfürsorge (§§ 25 bis 27 e)
3. Beschädigtenrente (§§ 30 bis 34) und Pflegezulage (§ 35)
4. Bestattungsgeld (§ 36) und Sterbegeld (§ 37)
5. Hinterbliebenenrente (§§ 38 bis 52)
6. Bestattungsgeld beim Tode von Hinterbliebenen (§ 53).

Diese Leistungen müssen eine angemessene Entschädigung darstellen. Schon vor Erlaß des Bundesseuchengesetzes hat der Bundesgerichtshof[88] die Bemessung der Aufopferungsentschädigung auf der Grundlage der Bestimmungen des Bundesversorgungsgesetzes im Rahmen des § 287 ZPO für zulässig und angemessen erachtet. In einer weiteren Entscheidung[89] hat er diese Ansicht mit der Begründung bestätigt, daß das Bundesversorgungsgesetz ebenso wie der Aufopferungsanspruch eine billige Entschädigung für im Allgemeininteresse erlittene Körperschäden gewähren will.

---

[87] Kröner, Eigentumsgarantie, S. 96; Wolff, VerwR I, § 61 III, S. 463; Bender, Staatshaftung, Anm. 345, S. 209; BGHZ 7, 331 ff.; BGHZ 9, 83 ff.; BGHZ 22, 43 ff.
[88] BGHZ 29, 95 ff.
[89] BGH in NJW 1963, 1673.

In der Tat ist es unbedenklich, bei der Ausfüllung des Begriffs „angemessen" auf die Bestimmungen des Bundesversorgungsgesetzes zurückzugreifen. Dieses Gesetz hat sich zu einem „Grundgesetz"[90] der Versorgung in allen Fällen entwickelt, in denen ein öffentlich-rechtlicher Entschädigungsanspruch gegen den Staat wegen der Folgen gesundheitlicher Schädigungen gegeben ist. Damit aber entfallen alle verfassungsrechtlichen Bedenken gegen die Aufpfropfung des Bundesversorgungsgesetzes auf das Bundesseuchengesetz. Soweit ein Impfschaden nach den Bestimmungen des Bundesseuchengesetzes gemäß dem Bundesversorgungsgesetz entschädigt wird, ergibt sich hinsichtlich der Höhe und des Umfanges der Leistungen keine Anspruchsverkürzung gegenüber dem allgemeinen Aufopferungsanspruch.

4. Mitverschulden nach Bundesseuchengesetz alter und neuer Fassung

Unter Abkehr von der ständigen Rechtsprechung des Reichsgerichts[91], das ein mitwirkendes Verschulden beim Aufopferungsanspruch generell nicht kannte, hat zunächst das OLG Celle[92] und später auch der Bundesgerichtshof[93] eine Schadensabwendungs- und -minderungspflicht bei hoheitlichen Eingriffen anerkannt. § 51 Abs. 3 BSeuchG a. F. erklärte § 254 BGB für sinngemäß anwendbar. Ein Verschulden i. S. dieser Bestimmung konnte in unterlassener oder unrichtiger Mitteilung des Gesundheitszustandes des Impflings gegenüber dem Impfarzt gesehen werden[94]. Ein Verschulden bei Abwendung oder Minderung des Schadens konnte auch dann vorliegen, wenn es der Geimpfte unterließ, sich entsprechend den bei der Impfung erteilten Belehrungen zu verhalten[95]. Der Sorgeberechtigte mußte in dieser Bestimmung ausdrücklich genannt werden, weil die von § 278 BGB vorausgesetzte rechtliche Sonderbeziehung, die zur Anrechnung des mitwirkenden Verschuldens des gesetzlichen Vertreters führt, bei der Entstehung des Impfschadens in der Regel nicht vorliegt[96].

Für eine Anrechnung des Mitverschuldens bleibt nach dem 2. Änderungsgesetz zum Bundesseuchengesetz kein Raum mehr[97], da in der

---
[90] Wilke, Vorbem. Seite 13.
[91] RGZ 126, 356 (361); RGZ 149, 34 (37); RGZ 167, 14 (26).
[92] OLG Celle in NJW 1954, 559.
[93] BGHZ 45, 290 ff. (294).
[94] So Küper/Walter in NJW 1963, 2352 (2357).
[95] So Küper/Walter in NJW 1963, 2352 (2357).
[96] So Küper/Walter in NJW 1963, 2352 (2357).
[97] So auch BT-Drucksache VI/1568, S. 9.

4. Mitverschulden nach Bundesseuchengesetz

Kriegsopferversorgung des Bundesversorgungsgesetzes — dessen entsprechende Anwendung nunmehr gesetzlich geboten ist — die Theorie der wesentlichen Bedingung gilt[98]. Nach dieser Theorie ist von den Bedingungen, die bei Entstehung der Schädigung mitgewirkt haben, nicht jeder Umstand, der irgendwie zum Erfolg beigetragen hat, als rechtlich beachtlich anzusehen[99]. Zwischen den Bedingungen des Erfolges, die im Rechtssinn als Ursache zu gelten haben, und solchen, die es nicht sind, muß unterschieden werden. Als Ursache ist von mehreren Bedingungen unter Abwägung ihres verschiedenen Wertes nur die Bedingung zu verstehen, die wegen ihrer besonderen Beziehungen zum Erfolg diesen wesentlich herbeigeführt hat[100]. Wenn in einem Impfschadensfall die Impfung als wesentliche Bedingung des Schadenseintritts wahrscheinlich[101] ist, kommt nur die Impfung als Ursache in Betracht. Sie ist alleinige Ursache, und eine Berücksichtigung anderer Bedingungen ist daher nicht mehr möglich. Nur dann, wenn eine auf dem Verschulden des Impfgeschädigten beruhende Handlung einen neuen selbständigen Gefahrenbereich begründet und diese die wesentliche Bedingung für den Eintritt des Schadens darstellt[102], entfällt die Impfung nach dieser Theorie als Ursache. Eine Haftung des Staates und damit ein Anspruch des Impfgeschädigten gegen ihn ist dann nicht mehr gegeben.

Vergleicht man die Theorie der wesentlichen Bedingung mit der zivilrechtlichen Adäquanztheorie und der Anwendung eines Mitverschuldens, so kommt eine Berücksichtigung des Mitverschuldens nur dann in Betracht, wenn es gemäß § 254 BGB zu einem Ausschluß der Haftung des Schädigers führte. Insoweit ist es nicht ganz zutreffend, wenn in der Begründung zum Regierungsentwurf[103] gesagt wird, daß für „eine Berücksichtigung des Mitverschuldens entsprechend § 254 BGB (ist) kein Raum mehr" ist.

Über die Anwendung der Theorie der wesentlichen Bedingungen ist gegenüber dem allgemeinen Aufopferungsanspruch für den Impfgeschädigten jedoch insofern eine Verbesserung eingetreten, als die Anwendung eines Mitverschuldens entfällt, das nicht „wesentliche Bedingung" ist. Gegen die verfassungsrechtliche Zulässigkeit dieser Verbesserung bestehen keine Bedenken.

---

[98] Vgl. BSG 1, 72 ff.; BSG 6, 192 ff.; BSG 16, 216 (218); BSG 19, 139 ff.
[99] Wilke, § 1 Erl. V, 3, S. 39.
[100] Wilke, § 1 Erl. V, 3, S. 40.
[101] Wilke, Erl. V, 2 zu § 1, S. 38.
[102] Vgl. dazu Wilke, Erl. V, 4 zu § 1, S. 42.
[103] BT-Drucksache VI, 1568, S. 9.

5. Verjährung

Der Aufopferungsanspruch verjährt in 30 Jahren[104], soweit nicht durch positivrechtliche Regelung eine kürzere Verjährung angeordnet ist[105]. Für Bayern stellt eine solche positivrechtliche Regelung § 125 AGBGB dar, wonach eine Ausschlußfrist von drei Jahren läuft, die mit Schluß des Jahres des Eintritts des Fordernkönnens beginnt[106]. In § 56 BSeuchG a. F. hatte der Gesetzgeber die Fristen bestimmt, innerhalb derer der Antrag auf Entschädigungsleistung zu stellen war. Diese Bestimmung ist ersatzlos weggefallen[107]. Die Regelung des früheren § 56 BSeuchG muß gegenüber dem allgemeinen Aufopferungsanspruch mit seiner 30jährigen Verjährungsfrist als Schlechterstellung angesehen werden.

Doch war diese Regelung rechtlich gesehen unbedenklich. Die Verkürzung der Verjährungsfrist eines Spezialfalles des verfassungsrechtlichen Aufopferungsanspruchs erfolgte durch einfaches Gesetz. Ein Verstoß gegen verfassungsrechtliche Grundsätze könnte darin jedoch nur dann gesehen werden, wenn auch die 30jährige Verjährung von dem verfassungsrechtlichen Grundsatz umfaßt ist, daß zum Wohle der Allgemeinheit erbrachte Sonderopfer entschädigt werden müssen. Das ist jedoch nicht anzunehmen. Die Rechtsordnung kennt für verschiedenartige Ansprüche verschiedene Verjährungsfristen. Diese stellen nur eine nähere Regelung zur Geltendmachung des Anspruchs dar, berühren aber nicht seinen Wesensgehalt. Dem Bürger als Anspruchsteller ist zuzumuten, den Staat als Leistungsverpflichteten in angemessener Frist von seinen Forderungen zu unterrichten, so daß sich dieser im Interesse der Allgemeinheit darauf einstellen kann.

Soweit also der Gesetzgeber unter Abweichung von der 30jährigen Verjährungsfrist des allgemeinen Aufopferungsanspruchs eine kürzere, aber noch angemessene Verjährungsfrist bestimmt hat, ist diese Beschränkung im Rahmen der dem Gesetzgeber zustehenden Ausgestaltungsmöglichkeit zulässig.

So hat auch der Bundesgerichtshof[108] wiederholt entschieden, daß der Gesetzgeber die Gewährung des Aufopferungsanspruchs näher regeln kann, insbesondere Bestimmungen über das Verfahren erlassen, die Ansprüche näher umreißen und Bestimmungen über Art und Höhe der Entschädigungen treffen kann, auch Ausschlußfristen begründen und für die Entschädigungsansprüche eine kürzere Verjährungsfrist als die allgemeine 30jährige und auch eine kürzere Antragsfrist festsetzen kann.

---

[104] Palandt, Anm. 2 zu § 195 BGB; Wolff, VerwR I, § 61 V, S. 463.
[105] BGHZ 9, 209 (210).
[106] Vgl. dazu BGH NJW 1957, 1595 (1596 f.); MDR 1958, 910.
[107] BT-Drucksache VI/1568, S. 9.
[108] BGHZ 9, 209; BGHZ 20, 81 (83, 84); BGHZ 29, 95 (97).

6. Anspruchskonkurrenz

Aufopferungs- und Amtshaftungsansprüche schließen einander nicht aus, sondern stehen sich gleichrangig gegenüber[109]. Dies folgt schon daraus, daß der öffentlich-rechtliche Entschädigungsanspruch sich seiner Rechtsnatur nach von einem Schadensersatzanspruch aus unerlaubter Handlung unterscheidet. Ist aber ein auf Spezialität beruhendes Rangverhältnis der Rechtsnormen nicht festzustellen, dann kann das Zurücktreten einer Norm oder der aus ihr folgenden Haftung nur aus einem ausdrücklichen oder stillschweigenden Gesetzesbefehl gefolgert werden. Ein solcher Gesetzesbefehl läßt sich jedoch der Rechtsordnung nicht entnehmen, soweit das Zusammentreffen eines Schadensersatzanspruchs aus Amtspflichtverletzung und eines Entschädigungsanspruchs aus Enteignungs- oder Aufopferungsrecht in Frage steht[110].

Wird dieselbe Körperschaft aus dem gleichen Sachverhalt aus beiden Rechtsgründen in Anspruch genommen, so kann der Haftungsgrund wahlweise festgestellt werden[111].

So sind gemäß § 54 Abs. 4 BSeuchG n. F. Ansprüche aus fahrlässiger Amtspflichtverletzung durch die Regelung des Bundesseuchengesetzes nicht ausgeschlossen. Auch insoweit ist der Impfgeschädigte durch die Spezialregelung im Bundesseuchengesetz nicht schlechter gestellt als er nach allgemeinem Aufopferungsrecht stehen würde.

7. Rechtsweg

Gemäß § 40 Abs. 2 VwGO ist für vermögensrechtliche Ansprüche aus Aufopferung für das gemeine Wohl der ordentliche Rechtsweg gegeben. Schon vor dieser ausdrücklichen Regelung war der Aufopferungsanspruch eine Zivilprozeßsache kraft Überlieferung, deren öffentlich-rechtliche Natur man erst später erkannte[112]. Mit Erlaß der Verwaltungsgerichtsordnung im Jahre 1960[113] wurden die bis dahin geltenden gewohnheitsrechtlichen Regelungen überholt. Durch § 40 Abs. 1 VwGO wurden öffentlich-rechtliche Streitigkeiten nicht verfassungsrechtlicher Art grundsätzlich dem Verwaltungsrechtsweg zugewiesen. Da man es für den Aufopferungsanspruch bei dem Zivilrechtsweg belassen wollte, für Streitigkeiten aus dem Aufopferungsanspruch wegen seiner öffentlich-rechtlichen Natur aber gemäß § 40 Abs. 1 VwGO der Verwaltungs-

---
[109] Staudinger-Schäfer, Vorbem. 3 vor § 839 BGB.
[110] Vgl. BGHZ 13, 88 (95).
[111] Vgl. dazu Kuschmann in NJW 1966, 574 (575).
[112] Vgl. Eyermann-Fröhler, VwGO, § 40 Anm. 91.
[113] Vom 21. Januar 1960, BGBl I, S. 17.

rechtsweg gegeben wäre, wurde eine ausdrückliche Zuweisung an die Zivilgerichte erforderlich.

In Übereinstimmung damit bestimmte § 61 BSeuchG a. F. für Streitigkeiten über Entschädigungsansprüche aus dem Bundesseuchengesetz die Zuständigkeit der ordentlichen Gerichte. Mit dem zweiten Änderungsgesetz zum Bundesseuchengesetz[114] wurden im § 61 Abs. 2 BSeuchG die Sozialgerichte für Streitigkeiten wegen Impfschäden grundsätzlich für zuständig erklärt. Soweit jedoch dem Impfgeschädigten Ansprüche entsprechend den Vorschriften der Kriegsopferfürsorge nach den §§ 25 bis 27 e BVG gewährt werden, ist nach § 61 Abs. 3 BSeuchG der Rechtsweg vor den Verwaltungsgerichten gegeben. Es handelt sich dabei um solche Ansprüche aus dem Bundesversorgungsgesetz, die nicht Versorgungs-, sondern fürsorgerischen Charakter haben. Das sind insbesondere die allgemeine soziale Fürsorge (§ 25 BVG), die berufliche Förderung einschließlich Rehabilitierungsmaßnahmen (§ 26 BVG) und die Erziehungsbeihilfe und Arbeitsplatzbeschaffung, Schul- und Berufsausbildung für versorgungsberechtigte Waisen (§ 27 BVG).

Mit der Neuregelung ist es also zu einer Zweigleisigkeit des Rechtsweges, nämlich zu den Sozial- und Verwaltungsgerichten gekommen. Diese Zweigleisigkeit wird sogar noch zu einer Dreigleisigkeit, wenn zu den Entschädigungsansprüchen ein Amtshaftungsanspruch aus Art. 34 GG, § 839 BGB hinzutritt, über den die ordentlichen Gerichte zu entscheiden haben.

Ein solches Auseinanderfallen des Rechtsweges ist freilich im geltenden Recht nicht unbekannt und tritt immer dann auf, wenn ein Amtshaftungsanspruch mit einem öffentlich-rechtlichen Anspruch konkurriert[115], der von den Verwaltungsgerichten geltend zu machen ist, wie z. B. der öffentlich-rechtliche Erstattungsanspruch und Ansprüche aus dem Beamtenverhältnis, § 126 BRRG. Der Gesetzgeber hat sich bei der Änderung und Aufspaltung des Rechtsweges keine Gedanken darüber gemacht, ob diese unter verfassungsrechtlichen Gesichtspunkten bedenklich sind. Der Aufopferung kommt Verfassungsrang zu. Eine Änderung und Aufspaltung des Rechtsweges durch einfaches Gesetz wäre dann unzulässig, wenn der Verfassungsrang die Garantie des ordentlichen Rechtsweges mit umfaßte. Eine solche Garantie des ordentlichen Rechtsweges enthält Art. 14 Abs. 3, S. 3 GG für die Enteignung nur insoweit, als es um die Höhe der Entschädigung geht. Bei einem Streit nur über die Frage, ob überhaupt eine Enteignung vorliegt, ist der Verwaltungsrechtsweg gegeben[116].

---

[114] Vom 25. August 1971, BGBl I, S. 1401.

[115] Vgl. dazu Bettermann in Grundrechte III, 2, S. 848 f.; ebenso Siebert in DÖV 1959, S. 733.

[116] BVerfG 4, 219; OVG Lüneburg, OVGE 11, 376.

Die Aufopferung ist nicht wie die Enteignung ausdrücklich in der Verfassung geregelt, hat aber dennoch Verfassungsrang[117]. Eine Garantie eines bestimmten Rechtsweges durch das Grundgesetz fehlt damit. Art. 19 Abs. 4 GG gewährleistet dem Bürger nur den Weg zu den staatlichen Gerichten, ohne jedoch dem Betroffenen einen Anspruch auf einen bestimmten Rechtsweg zuzuerkennen[118]. Doch könnte der verfassungsrechtliche Grundsatz, daß bei zum Wohle der Allgemeinheit erbrachten Sonderopfern Entschädigung zu gewähren ist, ebenfalls garantieren, daß Streitigkeiten über diese Ansprüche vor den ordentlichen Gerichten auszutragen sind. Allein die Tatsache, daß der Aufopferungsanspruch seit seiner Anerkennung stets vor den ordentlichen Gerichten geltend zu machen war, begründet noch nicht eine verfassungsrechtliche Gewähr des Rechtsweges. Das ergibt sich auch daraus, daß der Verfassungsgeber es bei der Regelung eines Spezialfalles der Aufopferung, nämlich der Enteignung, für erforderlich hielt, den Rechtsweg zu den ordentlichen Gerichten ausdrücklich in der Verfassung zu garantieren.

Eine verfassungsrechtliche Garantie des Rechtsweges zu den ordentlichen Gerichten bei Aufopferungsansprüchen läßt sich auch nicht aus einer Analogie zu Art. 14, Abs. 3, S. 3 GG ermitteln. Die Aufnahme einer bestimmten Rechtsweggarantie in den durch Grundgesetz geregelten Spezialfall der Aufopferung bedeutet nicht, daß der für die Spezialregelung erst durch das Grundgesetz mit zum Verfassungsrang ausgestattete Rechtsweg zu den ordentlichen Gerichten nunmehr auch für den Aufopferungsanspruch verfassungsrechtlich garantiert ist. Somit lassen sich bei verfassungsrechtlicher Prüfung Bedenken gegen eine Änderung und Aufspaltung des Rechtsweges nicht erkennen.

Das bedeutet nicht, daß sich keine Bedenken gegen die Zweckmäßigkeit der Neuregelung ergeben. Praktische Nachteile für den Impfgeschädigten sind offenkundig. Er kann sich vor die Notwendigkeit gestellt sehen, wegen seines Impfschadens zur gleichen Zeit vor drei verschiedenen Gerichten fechten zu müssen. Schon die Aufspaltung in Sozial- und Verwaltungsrechtsweg für die Durchsetzung der Ansprüche aus dem Bundesversorgungsgeestz hat bei Schaffung dieses Gesetzes zu heftigen Debatten Anlaß gegeben[119]. Andererseits bringt die neue Regelung auch Vorteile. Sie weist gerichtliche Auseinandersetzungen über Impfschäden den richterlichen Kollegien der Sozial- und Verwaltungsgerichtsbarkeit zu. Die Richter beider Gerichtszweige verfügen über umfangreiche Kenntnisse bei der Rechtsanwendung des

---
[117] Siehe oben S. 34 ff.
[118] v. Mangoldt-Klein, Anm. VII 5 b zu Art. 19 GG, S. 574 ff.
[119] BT-Drucksache I, 4567, S. 3; BT-Drucksache I, 4225, S. 19/20, S. 15, S. 31.

IX. Regelungen im Bundesseuchengesetz

Versorgungs- oder Fürsorgerechts. Demgegenüber haben die Richter der ordentlichen Gerichtsbarkeit angesichts der sehr selten auftretenden Impfschäden[120] nur wenig Gelegenheit, sich über diesen Entschädigungsbereich einen so umfassenden Überblick zu verschaffen, daß eine stets den gesetzlichen Maßstäben entsprechend ausgewogene Entscheidung gefällt werden kann. Deshalb dürfte es für den Betroffenen seltener notwendig werden, durch die Einlegung eines Rechtsmittels länger und mit größerem Kostenrisiko um die ihm zustehende Entschädigung zu streiten.

---

[120] Siehe dazu oben IX 1 a, S. 56.

X. Vom Bundesseuchengesetz nicht erfaßte Fälle

Bedenken gegen die Rechtmäßigkeit des Bundesseuchengesetzes ergeben sich dort, wo durch die Verweisung auf das Bundesversorgungsgesetz Impfgeschädigte im Sinne des Bundesseuchengesetzes einen Anspruch aus dem Bundesversorgungsgesetz überhaupt nicht herleiten können. Ein solcher Fall ist denkbar, wenn eine bestimmte Schadensart von den enumerativ aufgeführten Versorgungsansprüchen des Bundesversorgungsgesetzes nicht erfaßt wird.

1. Einmaliger Sachschaden

So gewähren weder das Bundesseuchengesetz noch das Bundesversorgungsgesetz Ausgleich für Fälle, in denen der Geschädigte infolge des Impfschadens eine einmalige Vermögenseinbuße erleidet. Wohl erhält ein Geschädigter, der als Folge der Impfung seine Kleidung dauernd beschmutzt, gemäß § 15 (früher: § 13 Abs. 5) BVG einen monatlichen Pauschalbetrag als Zuschuß für die erhöhten Kleidungskosten. Das Gesetz sieht jedoch keine Zahlung an einen Geschädigten vor, der infolge eines einmaligen Schwächeanfalls wegen der Impfung ein Kleidungsstück völlig unbrauchbar macht, sofern er nicht bedürftig ist. Auch dieser Vermögensschaden begründet einen Aufopferungsanspruch; denn die Vermögenseinbuße ist Folge des Eingriffs in ein immaterielles Gut, die körperliche Unversehrtheit. Der Eingriff liegt in der Impfung und nicht etwa in der daraus resultierenden Kleiderbeschmutzung. Um einen enteignungsgleichen Eingriff (bzw. eine Amtspflichtverletzung) würde es sich hingegen handeln, wenn die Kleidung bei der Impfung vom Impfenden, z. B. durch Verschütten des Impfstoffes oder Serums, beschmutzt oder zerstört würde. In diesem Falle wäre der Schaden keine Folge des vorher erfolgten Eingriffs in die körperliche Unversehrtheit. In beiden Fällen liegt auch ein Sonderopfer vor, da bei diesem nicht etwa auf die Höhe des Schadens, sondern die Ungleichheit abzustellen ist.

Auch der Härteausgleich nach § 89 BVG stellt in diesem Falle einmaligen Sachschadens keine den Anforderungen des Aufopferungsanspruchs genügende Regelung dar. Zwar gehören zum Härteausgleich auch einmalige Unterstützungen[1], doch einmal ist fraglich, ob ein ein-

---

[1] Schieckel-Gurgel Anm. 2 zu § 89, S. 589 (2).

maliger Sachschaden überhaupt eine besondere Härte i. S. des § 89 BVG darstellt. Nach Wilke[2] liegt eine besondere Härte dann vor, wenn sie „unbillig" ist. Diese „wesentliche Einschränkung"[3] macht es unmöglich, die Frage abstrakt zu entscheiden. Es kommt vielfach auf den konkreten Einzelfall an. Zum andern folgt aus dem Wortlaut der Bestimmung, daß es sich um einen Anspruch handelt, der im Ermessen der Behörde steht und dieser und nicht dem Anspruchsteller einen letzten Weg zur quasi-gnadenweisen Korrektur einräumt. Ein Rechtsanspruch auf Leistungen nach § 89 BVG ergibt sich somit in der Regel, d. h. solange nicht ein Fall der Ermessensreduzierung auf Null vorliegt, nicht. Diese Bestimmung kann folglich kein gleichwertiger Ersatz für einen Aufopferungsanspruch sein, der bei Vorliegen sämtlicher Tatbestandsmerkmale zwingend gegeben ist.

2. Vom Impfgeschädigten zu ersetzender Drittschaden

Ein Autofahrer muß z. B. plötzlich wegen eines Ohnmachtsanfalls, den ein Impfgeschädigter (infolge seines Impfschadens) auf der Straße erleidet, ausweichen und prallt dabei gegen einen Baum. Ersatzansprüche stehen ihm nur gegen den Impfgeschädigten zu, und zwar bei schuldhaftem Verhalten aus dem Gesichtspunkt der unerlaubten Handlung. Bei nichtschuldhaftem Verhalten hat der Dritte einen Anspruch auf Ersatz seiner Aufwendungen aus den Bestimmungen über die Geschäftsführung ohne Auftrag. Der vermögensrechtliche Schaden des Impfgeschädigten liegt also darin, daß er infolge seines Impfschadens mit Erssatzansprüchen eines Dritten belastet ist. Auch für diesen Fall sehen weder das Bundesseuchengesetz noch das Bundesverssorgungsgesetz eine Entschädigung vor.

3. Rechtslage nach allgemeinem Aufopferungsrecht

Bei Beurteilung dieser Fälle muß unterschieden werden, ob dieser einmalige Sachschaden des Impfgeschädigten oder die Belastung mit Ansprüchen Dritter der einzige Vermögensschaden und Folge der Impfung ist oder nur eine Schadensposition neben anderen vermögensrechtlich relevanten Folgen der Impfung darstellt.

Ohne die Spezialregelung des Bundesseuchengesetzes hätte der Impfgeschädigte in beiden Fällen unabhängig von seiner Bedürftigkeit einen Anspruch nach den allgemeinen Aufopferungsgrundsätzen gehabt. Die hier genannten Vermögensschäden wären bei Ermittlung der Höhe der

---

[2] Wilke, Erl. I zu § 89, S. 476.
[3] Wilke, Erl. I zu § 89, S. 476.

3. Rechtslage nach allgemeinem Aufopferungsrecht

zu leistenden Entschädigung nach § 287 ZPO berücksichtigt worden[4]. Nach der alten sowie der heutigen Regelung im Bundesseuchengesetz ist die Einbeziehung dieser Schäden in den Entschädigungs- beziehungsweise Versorgungsanspruch nicht möglich. Das Bundesseuchengesetz könnte somit für einen Impfgeschädigten im Verhältnis zu den allgemeinen Aufopferungsgrundsätzen eine Schlechterstellung zur Folge haben.

Es fragt sich, ob gegen diese Regelung verfassungsrechtliche Bedenken bestehen. Für den Fall, daß der einmalige Sachschaden eine neben mehreren Schadenspositionen darstellt, ist dabei zu beachten: Die Angemessenheit der Entschädigung wird von der verfassungsrechtlichen Garantie des Aufopferungsanspruchs mit umfaßt. Der Aufopferungsanspruch des Betroffenen ist stets ein einheitlicher[5]. Seine Höhe wird jedoch unter Berücksichtigung einzelner Schadenspositionen ermittelt[6]. Sie kann deshalb bei Wegfall eines Einzelpostens erheblich niedriger ausfallen und dann nicht mehr angemessen sein.

Verfassungsrechtlich zu beanstanden, weil gegen die allgemeinen Aufopferungsgrundsätze verstoßend, ist die Regelung des Bundesseuchengesetzes mit seiner Verweisung auf das Bundesversorgungsgesetz also dann, wenn die Versorgungsleistungen für den Impfgeschädigten insgesamt in ihrer Höhe hinter dem zurückbleiben, was bei der Bemessung der Entschädigung nach allgemeinen Aufopferungsgrundsätzen zu gewähren wäre. Nur solange die Versorgungsleistungen nach dem Bundesversorgungsgesetz insgesamt als „angemessene Entschädigung" anzusehen sind, bestehen verfassungsrechtliche Bedenken auch dann nicht, wenn eine einzelne Position nicht mitberücksichtigt wurde. Ein Verstoß gegen den verfassungsrechtlichen Aufopferungsanspruch liegt insbesondere dann vor, wenn ein einzelner nach dem Bundesversorgungsgesetz nicht zu berücksichtigender Schadensposten den größten Teil des Gesamtschadens ausmacht und somit die Leistung nach dem Bundesversorgungsgesetz erheblich hinter dem zurückbleibt, was der Impfgeschädigte zu beanspruchen hätte, wenn die Grundsätze des allgemeinen Aufopferungsanspruchs zum Tragen kämen. Noch deutlicher wird dies in dem Fall, in dem ein Impfschaden vorliegt, der einzige Vermögensschaden des Betroffenen dieser einmalige Sachschaden oder die Belastung mit Ansprüchen Dritter darstellt. Der Impfgeschädigte wird hinsichtlich seiner Ansprüche durch § 51 Bundesseuchengesetz auf das Bundesversorgungsgesetz verwiesen und wird dort keine Bestimmung finden, die ihm zu einer Entschädigung seines Schadens verhilft.

---
[4] BGHZ 29, 217.
[5] Kröner S. 150; BGHZ 22, 43.
[6] BGHZ 29, 217.

4. Der allgemeine Aufopferungsanspruch als Auffangtatbestand

Es fragt sich nun, ob derjenige, der einen Impfschaden im Sinne des § 52 BSeuchG erlitten und ein Sonderopfer zum Wohl der Allgemeinheit erbracht hat, in diesem Falle einen Anspruch nach allgemeinen Aufopferungsgrundsätzen hat. Der Bundesgerichtshof[7] hat entschieden, daß der Aufopferungsanspruch seiner Funktion nach „hinter" allen übrigen Anspruchsgrundlagen für einen Schadensausgleich zurücksteht. Gelegentlich hat er ihn auch als „subsidiär" bezeichnet[8]. Jedoch ist die subsidiäre Natur des Aufopferungsanspruchs vom Bundesgerichtshof nur insoweit anerkannt, als er nicht besteht, soweit die öffentliche Hand zum Ausgleich für die erlittene Einbuße bereits anderweitig ausreichende Leistungen erbringt, z. B. durch Zahlungen aus der Sozialversicherung[9]. In diesem Falle entsteht der Aufopferungsanspruch erst gar nicht[10]. Ein geldwerter Anspruch ist ferner dann nicht gegeben, wenn das Opfer durch eine tatsächliche Fürsorge in Form einer Familienhilfe ausgeglichen wird, die geldliche Leistungen nicht erfordert und den Angehörigen zuzumuten ist[11].

Dies bisher vom Bundesgerichtshof entschiedenen Fälle sind jedoch von denen zu unterscheiden, in denen der Gesetzgeber eine positive Regelung eines Spezialfalls der Aufopferung getroffen hat. So hat der Bundesgerichtshof[12] entschieden, daß der die Spezialregelung eines Aufopferungsanspruchs darstellende Art. 5 der Menschenrechtskonvention[13], der den Fall einer rechtswidrigen Freiheitsentziehung regelt, als ein der Gefährdungshaftung zuzurechnender Ersatzanspruch den Aufopferungsanspruch ausschließt. Im konkreten Fall hatte der Betroffene den Anspruch aus Art. 5 Menschenrechtskonvention verjähren lassen. Der Bundesgerichtshof hatte einen Aufopferungsanspruch wegen dessen subsidiären Charakters versagt. Der Aufopferungsanspruch ist in der Tat insofern subsidiär, als der allgemeine Aufopferungsanspruch bei positiv geregelten Spezialfällen der Aufopferung, in denen für die Geltendmachung, Verjährung, Verfahren etc. abweichende Regelungen getroffen wurden, nicht wiederauflebt, wenn eine Entschädigung nach der Spezialregelung nur deshalb nicht gewährt werden kann, weil

---

[7] BGHZ 20, 81 (83).
[8] BGHZ 28, 297 (301); vgl. dazu grundlegend Horn, Diss., S. 203 f.
[9] BGHZ 20, 81 ff.; Kröner, Eigentumsgarantie, S. 152.
[10] BGHZ 20, 81 (84).
[11] BGHZ in VersR 1957, 394 (395).
[12] BGHZ 45, 58 ff.
[13] Vom 7. August 1952, BGBl II, S. 685, 953 in Kraft für Deutschland am 3. September 1953, bekanntgemacht am 15. Dezember 1953, BGBl 1954 II, S. 14.

4. Der allgemeine Aufopferungsanspruch als Auffangtatbestand

der Geschädigte die in dem Spezialgesetz getroffenen Regelungen zur Geltendmachung hat verstreichen lassen. Dieser Fall liegt hier jedoch nicht vor. Vielmehr wird hier für einen vom Gesetzgeber gemäß §§ 51, 52 BSeuchG grundsätzlich für entschädigungspflichtig erklärten Impfschaden Entschädigung überhaupt nicht geleistet. Es fragt sich, ob nicht in diesem Fall doch wieder allgemeines Aufopferungsrecht zur Anwendung kommt. Der Bundesgerichtshof[14] hat entschieden, daß die bis 1962 geltenden Landesimpfschadensgesetze und auch das Bundesseuchengesetz anderweit begründete Ansprüche nicht ausschließen wollten; denn es sei in keinem Fall Sinn der gesetzlichen Regelung, Entschädigungsansprüche, die aus einem anderen Rechtsgrund bestehen, abzuschneiden. Als einen solchen anderweits begründeten Anspruch sah der Bundesgerichtshof einen Aufopferungsanspruch der Mutter an, die infolge einer Ansteckung mit dem Impfstoff ihres gegen Pocken erstgeimpften Kindes einen Gesundheitsschaden erlitt[15]. Es handelte sich hier um einen Fall, von dem zu Recht angenommen wurde, daß der Gesetzgeber bei Erlaß des Bundesseuchengesetzes diesen Fall nicht bewußt von einer Entschädigung ausnehmen wollte. Vielmehr hatte der Gesetzgeber diesen Fall bei Erlaß des Gesetzes nicht vorausgesehen und deshalb nicht geregelt.

Nicht anders kann es in den hier untersuchten Fällen sein, zumal der Gesetzgeber wiederholt, und zwar sowohl 1961 bei Schaffung des Bundesseuchengesetzes als auch bei der gründlichen Novellierung im Jahre 1971, erklärt hat, eine umfassende Entschädigung gewähren zu wollen[16].

Selbst wenn aber eine Entschädigungsverpflichtung für diese nicht erfaßten Fälle bewußt ausgenommen werden sollte, wäre diese Motivation des Gesetzgebers unbeachtlich, denn die verfassungsrechtlich sanktionierte Verpflichtung zur Entschädigung in diesen Fällen kann nicht durch einfaches Gesetz beseitigt werden. Somit kann einer Spezialregelung, die substantiell hinter dem Umfang zurückbleibt, den der Entschädigungsanspruch nach der höchstrichterlichen Rechtsprechung allgemein besitzt, keine abschließende Wirkung zuerkannt werden; der Rückgriff auf den allgemeinen Aufopferungsentschädigungsanspruch muß zugelassen werden[17]. Es müssen dem Impfgeschädigten also auf jeden Fall Leistungen zuteil werden, die als angemessen betrachtet werden können. Einen infolge des Impfschadens im Sinne des § 52 BSeuchG erlittenen Vermögensschaden überhaupt nicht zu entschädigen, ist aber stets unangemessen. Da dem nicht bedürftigen

---

[14] BGHZ 34, 23 (26); BGHZ 45, 290 (291).
[15] BGH in DÖV 1966, 718 = BGHZ 45, 290 ff.
[16] BT-Drucksache VI/1568, S. 6.
[17] So auch Götz, § 6 I, S. 94.

Betroffenen bei einem nicht schuldhaften Handeln des Impfarztes insoweit auch keine anderweitigen Ersatzansprüche gegen den Staat zustehen, greift der Aufopferungsanspruch hier ein.

Zusammenfassend ergibt sich also: Soweit ein Impfschaden im Sinne des Bundesseuchengesetzes vorliegt und vom Bundesversorgungsgesetz überhaupt erfaßt wird, bestehen gegen die Angemessenheit der Höhe und des Umfanges der Leistungen keine Bedenken. Bei einmaligen Sachschäden und Ersatzansprüchen Dritter liegt eine umfassende Regelung vor, wenn es sich dabei um eine Schadensposition neben anderen handelt und die Leistungen nach dem Bundesversorgungsgesetz in ihrer Gesamtheit noch eine angemessene Entschädigung im Sinne des Aufopferungsrechts darstellen. Sind der einmalige Sachschaden oder Ersatzansprüche Dritter jedoch die einzige Schadensposition oder führt die Summe sonstiger Leistungen nach dem Bundesversorgungsgesetz nicht zu einer angemessenen Entschädigung, so lebt, da weder Bundesseuchengesetz noch Bundesversorgungsgesetz eine Entschädigungsregelung für diese Fälle treffen, der allgemeine Aufopferungsanspruch wieder auf.

5. Gesetzgebungskompetenz für die vom Bundesseuchengesetz nicht erfaßten Fälle

Die Untersuchung hat ergeben, daß vom geltenden kodifizierten Bundesrecht nicht alle Fälle eines entschädigungspflichtigen Impfschadens erfaßt werden. Es bleibt daher zu untersuchen, ob die Länder für diese Fälle durch Landesgesetze festlegen können, daß und in welcher Höhe Entschädigung geleistet werden soll.

Die Voraussetzungen der Landeszuständigkeit richten sich nach Art. 72 Abs. 1 GG. Das Land darf Fälle dieser Art so regeln, solange und soweit der Bund von seiner Gesetzgebungsbefugnis keinen Gebrauch gemacht hat. Der Bund ist durch Erlaß des Bundesseuchengesetzes auf dem Gebiet der Impfschäden tätig geworden und hat ausdrücklich erklärt, durch das zweite Änderungsgesetz[18] eine umfassende Regelung[19] schaffen zu wollen. Der mit einer Kodifikation verbundene, erklärte Wille des Gesetzgebers zur Rechtsvereinheitlichung wird aber in der Regel die Annahme rechtfertigen, daß eine erschöpfende Regelung vorliegt[20]. Der Fall, daß der Impfgeschädigte durch seine Krankheit Sachschäden — bei sich selbst und bei Dritten — hervorruft, ist aber — wie

---

[18] Vom 25. August 1971, BGBl I, S. 1401.
[19] BT-Drucksache VI/1568, S. 6.
[20] Hamann-Lenz, Grundgesetz, Art. 72 Anm. B 3, S. 515; BVerfG in NJW 1967, 437.

5. Gesetzgebungskompetenz für vom Bundesgesetz nicht erfaßte Fälle

nachgewiesen[21] — im Bundesseuchengesetz nicht geregelt. Die Tatsache, daß eine bundesgesetzliche Kodifikation eine Frage nicht behandelt, kann aber nicht dahingehend gedeutet werden, daß der Bundesgesetzgeber von seiner Kompetenz keinen Gebrauch gemacht hat[22]. Andererseits ist auch nicht erkennbar, daß der Bundesgesetzgeber diese Fälle bewußt von einer Entscheidung ausnehmen wollte. Vielmehr hat er bei Erlaß des zweiten Änderungsgesetzes zum Bundesseuchengesetz diese Fälle nicht vorhergesehen.

Jedoch muß die Frage, wann eine bundesrechtliche Regelung erschöpfend ist, einer Gesamtwürdigung des entsprechenden Normenkomplexes entnommen werden[23]. So hat das Bundesverfassungsgericht[24] entschieden, daß eine erschöpfende materielle Regelung dann nicht vorliegt, wenn der Bundesgesetzgeber die Landesregierung zum Erlaß ergänzender Regelungen durch Rechtsverordnung ermächtigt oder nur einen Teil einer Materie regelt, wobei es keinen Unterschied macht, ob der vom Bundesgesetzgeber in Anspruch genommene Teil der Materie groß oder klein ist. Auch kann der Bund das konkurrierende Gesetzgebungsrecht der Länder nicht lediglich dadurch sperren, daß er — ohne Verbindung mit einer bundesgesetzlichen Sachregelung — künftige Landesgesetze dieser Sachgebiete pauschal ausschließt[25]. Doch kann der Bund die konkurrierende Landeszuständigkeit wohl durch den Erlaß eines Gesetzes ausschalten, das eine zumindest auf Ausfüllung angelegte Inhaltsregelung trifft[26]. Auch ein solches Gesetz wird als erschöpfende Regelung im Sinne der Rechtsprechung des Bundesverfassungsgerichts anzusehen sein. Eine Gesamtwürdigung des Bundesseuchengesetzes zeigt, daß es sich bei den nicht erfaßten Fällen um seltene Ausnahmen handelt, deren Kondifizierung deshalb unterblieb, weil der Bundesgesetzgeber sie nicht vorhersah. Darin liegt aber ein wesentlicher Unterschied zu den Fällen, in denen ganze Teilbereiche einer Materie vom Bundesgesetzgeber ungeregelt blieben oder die Länder sogar zum Erlaß ergänzender Regelungen ermächtigt wurden. Damit ergibt eine Gesamtwürdigung des Bundesseuchengesetzes, daß es sich dabei um eine erschöpfende Regelung im Sinne der Rechtsprechung des Bundesverfassungsgerichts handelt.

---

[21] Siehe oben S. X, S. 75 ff.

[22] So BVerfG in NJW 1967, 435 (437); v. Mangoldt-Klein, Art. 72 Anm. III 2 d, S. 1437.

[23] BVerfG 1, 283 (296); BVerfG 7, 244 (259); BVerfG 7, 342 (347); v. Mangoldt-Klein, Art. 72 Anm. III 2 d, S. 1436.

[24] BVerfG 18, 407 (415).

[25] Hamann-Lenz, Grundgesetz, Art. 72 Anm. B 3, S. 516; Maunz-Dürig-Herzog, Rdziff. 5 zu Art. 72.

[26] Vgl. Hamann-Lenz, Grundgesetz, Art. 72 Anm. B 3, S. 516.

X. Vom Bundesseuchengesetz nicht erfaßte Fälle

Darüber hinaus ist es wenig sinnvoll, dem Landesgesetzgeber für vom Bundesgesetzgeber bei Erlaß seines Gesetzes nicht vorhergesehene Einzelfälle die Gesetzgebungskompetenz zuzusprechen, wenn der Bund seine Absicht zur erschöpfenden Regelung durch bundesgesetzliche Sachregelung kundgetan hat, und für das betreffende Gesetz die Möglichkeit der Ergänzung besteht. Die Intention, bei Erlaß eines Bundesgesetzes eine im ganzen Bundesgebiet einheitliche Regelung zu treffen, würde durch Zulassen der Landeskompetenz zumindest wieder teilweise vereitelt. Zwar würde die entsprechende Landesregelung gemäß Art. 72 GG in Verbindung mit Art. 30 GG im Augenblick der Regelung dieses Falles durch den Bundesgesetzgeber erlöschen[27]. Doch widerspricht ein zwischenzeitliches Zulassen der Landeskompetenz auf einem Gebiet, das der Bund durch ein auf Ausfüllung angelegtes Gesetz zumindest umfassend zu regeln versucht hat, den Voraussetzungen des Art. 72 Abs. 2 GG, unter denen der Bund überhaupt erst zur Gesetzgebung berechtigt war, nämlich dem Erfordernis der bundeseinheitlichen Regelung. Der Bund hat beim Erlaß des Bundesseuchengesetzes seine Absicht kundgetan, eine umfassende Regelung zu treffen[28]. Er hat in der Zeit vor Erlaß des Bundesseuchengesetzes[29] aufgetretene Fälle, die im Bundesseuchengesetz alter Fassung nicht berücksichtigt waren und in denen von der Rechtsprechung — z. B. über die Grundsätze des Aufopferungsrechts — Entschädigung gewährt worden war, in das Änderungsgesetz aufgenommen[30]. Der Bundesgesetzgeber hat damit seiner Absicht, eine umfassende Regelung zu schaffen, schon durch Ausfüllung und Ergänzung dieses Gesetzes entsprochen. Das Bundesseuchengesetz stellt somit eine abschließende Regelung dar, so daß eine Sperrwirkung für die Landeszuständigkeit auf dem Gebiet des Impfschadensrechts eingetreten ist.

Auch wenn nach dem Erlaß des Änderungsgesetzes weitere Fälle auftreten, deren Regelung durch das Bundesseuchengesetz nicht erfolgt ist, sind die Länder für die Regelung dieser Fälle nicht zuständig. Es bleibt somit dem Bundesgesetzgeber überlassen, im Interesse der von ihm angestrebten umfassenden Regelung die hier aufgezeigten Fälle[31] in das Bundesseuchengesetz als entschädigungspflichtig aufzunehmen.

---

[27] Vgl. Hamann-Lenz, Grundgesetz, Art. 72, S. 516; Maunz-Dürig-Herzog, Grundgesetz, Art. 72, Anm. 1.
[28] BT-Drucksache VI/1568, S. 6.
[29] In Kraft getreten am 1. Januar 1962.
[30] Vom 25. August 1971, BGBl I, S. 1401.
[31] Siehe oben X, S. 115 ff.

Literaturverzeichnis

Anders, W. — *Lundt*, P. V. (Herausgeber): Praxis der Pockenbekämpfung, Berlin—Göttingen—Heidelberg 1963

Anschütz, Gerhard: Die Verfassung des Deutschen Reichs, vom 11. August 1919, 14. Aufl., Berlin 1933

— Der Ersatzanspruch aus Vermögensbeschädigungen durch rechtmäßige Handhabung der Staatsgewalt, in VerwArch 5 (1897), 1 ff.

Barkhau, Werner: Öffentlich-rechtliche Entschädigung bei Nothilfeleistungen, Stuttgart 1954

Battis, Ulrich: Erwerbsschutz durch Aufopferungsentschädigung, Berlin 1969

Bauschke, Erhard — *Kloepfer*, Michael: Enteignung, enteignungsgleicher Eingriff, Aufopferung, in NJW 1971, 1233 ff.

Bender, Bernd: Staatshaftungsrecht, Karlsruhe 1971

Bettermann, Karl August: Der Schutz der Grundrechte in der ordentlichen Gerichtsbarkeit, in: Die Grundrechte, Dritter Band, 2. Halbband, Berlin 1959

Bonner Kommentar: Kommentar zum Bonner Grundgesetz, Hamburg, Stand: 28. Lfg. (Oktober 1971)

Bornhak, Conrad: Preußisches Staatsrecht, 1. Band, 2. Aufl., Breslau 1911

Bullinger, Martin: Die Mineralölfernleitungen, Gesetzeslage und Gesetzgebungskompetenz mit einem Gesetzentwurf, Stuttgart 1962

Dürig, Günter: Der Staat und die vermögenswerten öffentlich-rechtlichen Berechtigungen seiner Bürger, in: Staat und Bürger. Festschrift für Willibalt Apelt, München—Berlin 1958

— Grundfragen des öffentlich-rechtlichen Entschädigungssystems, in JZ 1955, 521 ff.

Dürig, Günter — *Rudolf*, Walter: Texte zur deutschen Verfassungsgeschichte vornehmlich für den Studiengebrauch, München—Berlin 1967

Dütschke, Hans: Der Impfzwang, jur. Diss., Greifswald 1914

Enneccerus, Ludwig — *Nipperdey*, Hans-Carl: Allgemeiner Teil des Bürgerlichen Rechts, 15. neubearbeitete Aufl., I. Halbband, Tübingen 1959

Esser, Josef: Zur Frage der Ersatzansprüche bei Impfschäden, in DR 1938, 195 ff.

Eyermann, Erich — *Fröhler*, Ludwig: Verwaltungsgerichtsordnung, Kommentar, 5. Aufl., München 1971

Fischer, Robert: Thesen zum Referat von Bundesrichter Dr. Fischer, in DÖV 1955, 633 f.

Fleiner, Fritz: Institutionen des Deutschen Verwaltungsrechts, 8. neubearbeitete Aufl., Tübingen 1928

Fleischmann, Max: Wörterbuch des Deutschen Staats- u. Verwaltungsrechts, 2. Bd., Tübingen 1913

Forsthoff, Ernst: Lehrbuch des Verwaltungsrechts, 1. Bd., Allg. Teil, 9. Aufl., München—Berlin 1966

Franke, Franz Josef: Der Folgenentschädigungsanspruch, jur. Diss., München 1965

Giese, Friedrich-Wilhelm: Der öffentlich-rechtliche Aufopferungsanspruch, jur. Diss., Tübingen 1936

— Öffentlich-rechtliche Entschädigung für Aufopferung bei Impfschäden, Zum Beschluß des Reichsgerichts, Großer Senat für Zivilsachen vom 16. 11. 1937, 65 Z 4/36, VII 200/36, Würzburg—Aumühle 1939

Götz, Volkmar: Allgemeines Polizei- und Ordnungsrecht, Göttingen 1970

Greiner, Gottfried: Wiederbelebung des klassischen Enteignungsbegriffes, in DÖV 1954, 583 ff.

Grotius, Hugo: De iure belli ac pacis, Amsterdam 1680

Haas, Diether: System der öffentlich-rechtlichen Entschädigungspflichten, Karlsruhe 1955

Habernoll, A.: Gesetzliche Grundlage. Das Impfrecht, Probleme und Grundzüge der gesetzlichen Regelung der Schutzimpfungen, in: Handbuch der Schutzimpfungen, S. 724 ff., hrsg. v. A. Herrlich, Berlin—Heidelberg—New York 1965

Häberlein: Handbuch des Teutschen Staatsrechts, Erster und Zweiter Band, Berlin 1797

Hamann, Andreas — *Lenz*, Helmut: Das Grundgesetz für die Bundesrepublik Deutschland vom 23. Mai 1949, 3. Aufl., Neuwied u. Berlin 1970

Hartung, Kurt (Herausgeber): Praktikum der Schutzimpfungen, Marburg 1962

— Praktikum der Schutzimpfungen, 2. Aufl., Marburg 1966

Hartung, Kurt — *Raettig*, H.: Grundlagen zur aktiven und passiven Immunisierung, in Hartung: Praktikum der Schutzimpfungen, S. 59 ff., Marburg 1962

Hartung, Kurt — *Richter*, K. H. (unter Mitwirkung von Eberhard): Gesetzliche Grundlage des Impfwesens in der Bundesrepublik, in Hartung: Praktikum der Schutzimpfungen, S. 169 ff., Marburg 1962

Hesse, Konrad: Grundzüge des Verfassungsrechts der Bundesrepublik Deutschland, 2. Aufl., Karlsruhe 1968

Heun, Walter: Impfzwang und Impfgegnerschaft, jur. Diss., Göttingen 1911

Heuser, Gerhard: Die Rechtsnatur des Aufopferungsanspruchs, jur. Diss., Marburg 1969

Hofacker, Wilhelm: Zur Rechtsprechung des Reichsgerichts über Impfschäden, in RVerwBl 1940, 69 ff.

Hoppe, Werner: Die Entwicklung des öffentlichen Rechts. Aus der Arbeitsgemeinschaft für Verwaltungsrecht im Dt. Anwaltsverein, Landesgruppe Nordrhein-Westfalen, in DVBl 1967, 195 ff.

Horn, Helga: **Der Folgenbeseitigungsanspruch im System der öffentlich-rechtlichen Ersatzansprüche**, jur. Diss., Köln 1967

Horst, Paul-Günter: Querverbindungen zwischen Aufopferungsanspruch und Gefährdungshaftung einerseits und Aufopferungsanspruch und Eingriffserwerb andererseits, Berlin 1966

Hubmann, Heinrich: Der bürgerlichrechtliche Aufopferungsanspruch, in JZ 1958, 489 ff.

Janssen, Günter: Der Anspruch auf Entschädigung bei Aufopferung und Enteignung, Stuttgart 1961

Jellinek, Walter: Verwaltungsrecht, 3. Aufl., Berlin 1931

Kaiser, Joseph H.: Verfassungsrechtliche Eigentumsbindung in der Bundesrepublik Deutschland, in: Staat und Privateigentum, S. 5 ff., Köln und Berlin 1960

Kastner, Hermann: Der Impfzwang und das Reichs-Impfgesetz vom 8. April 1874, jur. Diss., Jena 1909

Kaufmann, Arthur: Analogie und „Natur der Sache". Vortrag gehalten vor der Juristischen Studiengesellschaft in Karlsruhe am 22. April 1964, Karlsruhe 1965

Kern, Eduard: Schutz des Lebens, der Freiheit und des Heimes, in: Die Grundrechte, Neumann, Nipperdey, Scheuner, Zweiter Band, 2. Aufl., S. 51 ff., Berlin 1968

Kleinhoff, J.: Der Aufopferungsanspruch in der Rechtsprechung des Bundesgerichtshofes, in DRiZ 1957, 225 ff.

Koppensteiner, Hans-Georg: Intervention, Wettbewerb und Unternehmen, in BB 1967, 217 ff.

Kreft, Friedrich: Aufopferung und Enteignung. Begriffe und Grundsätzliches in der Rechtsprechung des Bundesgerichtshofes, Karlsruhe 1968

Kröner, Herbert: Die Eigentumsgarantie in der Rechtsprechung des Bundesgerichtshofes, in DRiZ 1960, 422 ff.

— Die Eigentumsgarantie in der Rechtsprechung des Bundesgerichtshofes, 2. Aufl., Köln—Berlin—Bonn—München 1969

Krüger, Herbert: Verfassungsänderung und Verfassungsauslegung, in DÖV 1961, S. 721

Küchenhoff, Erich: Ausdrückliches, stillschweigendes und ungeschriebenes Recht in der bundesstaatlichen Kompetenzverteilung — zugleich ein Beitrag zur Lehre von der Rechtsgewinnung und zum Verfassungsrecht der USA, in AÖR 82. Band (43. Band der Neuen Folge), 413 ff.

Küper, Maria: Grundlage und Umfang der Entschädigung bei Impfschäden nach dem Bundesseuchengesetz, in NJW 1961, 2045 ff.

Küper, Maria — *Walter,* Hans: Impfschädenrecht nach dem Bundesseuchengesetz, in NJW 1963, 2352 ff.

Kuschmann, Horst: Die Abgrenzung der Enteignung und der Aufopferung von der Amtshaftung in der Rechtsprechung des Bundesgerichtshofes, in NJW 1966, 574 ff.

Larenz, Karl: Methodenlehre der Rechtswissenschaft, Zweite, neubearbeitete Aufl., Berlin—Heidelberg—New York 1969

Lerche, Peter: Amtshaftung und enteignungsgleicher Eingriff, in JuS 1961, 237 ff.

Lieberwirth, Rolf: Aufopferungsansprüche bei Gesundheits-, insbesondere Impfschäden, in NJW 1959, 796 ff.
— Das Schmerzensgeld, 3. Aufl., Heidelberg 1965

Luhmann, Niklas: Öffentlich-rechtliche Entschädigung rechtspolitisch betrachtet, Berlin 1965

v. Mangoldt, Hermann — *Klein,* Friedrich: Das Bonner Grundgesetz Band 1, 2. Aufl., Berlin—Frankfurt 1966
— Das Bonner Grundgesetz, Band II, Berlin und Frankfurt 1966

Maunz, Theodor: Deutsches Staatsrecht, 18. Aufl., München 1971

Maunz, Theodor — *Dürig,* Günter — *Herzog,* Roman: Grundgesetz Kommentar, Band I Art. 1—53, München 1971
— Grundgesetz Kommentar, Band II Art. 53 a — Sachverzeichnis, München 1971

Mayer, Otto: Deutsches Verwaltungsrecht Erster Band, 3. Aufl., Heidelberg 1923

Menger, Christian-Friedrich: Das Gesetz als Norm und Maßnahme in VVDStRL 15, 3 ff.

Merten, Detlef: Der Inhalt des Freizügigkeitsrechts (Artikel 11 des Grundgesetzes), Berlin 1970

Meyer, Georg: Der Staat und die erworbenen Rechte, Staats- und völkerrechtliche Abhandlungen, Band 1, Heft 2, Leipzig 1895

Nebinger, Robert: Verwaltungsrecht, Allgemeiner Teil, 2. erweiterte Auflage, Stuttgart 1949

Palandt, Otto: Bürgerliches Gesetzbuch, 30. Aufl., München 1971

Peters, Hans: Lehrbuch der Verwaltung, Berlin—Göttingen—Heidelberg 1949

Petzelt, K. — *Hohberg,* H.: Staat und Impfung, in Spiess, Heinz (Hrsg.), Schutzimpfungen, 2. Aufl., Stuttgart 1966

Puchta, Georg Friedrich: Pandekten, 12. auf Grund d. früheren A. F. Rudorffschen Bearbeitung sorgfältig rev. u. verm. Aufl. v. Th. Schirmer, Leipzig 1877

v. Randow, Thomas: Pockenalarm statistisch gesehen harmlos, in: Die Zeit Nr. 14 vom 7. April 1972 S. 59

Rehbein, H. — *Reincke,* O.: Allgemeines Landrecht für die Preußischen Staaten nebst den ergänzenden und abändernden Bestimmungen der Reichs- und Landesgesetzgebung, 1. Band, Theil 1, Titel 1—11, 4. Aufl., Berlin 1889

Rüfner, Wolfgang: Empfiehlt es sich, die soziale Sicherung für den Fall von Personenschäden, für welche die Allgemeinheit eine gesteigerte Verantwortung trägt, neu zu regeln?, in: Verhandlungen des neunundvierzigsten Deutschen Juristentages, Düsseldorf 1972, hrsg. von der Ständigen Deputation des Deutschen Juristentages Bd. I (Gutachten), München 1972 S. E 1 ff.

Sahm, Friedrich: Gedanken zum Impfen der Kinder, in: Weleda Nachrichten, Johanni 1972, Heft 106, S. 5 f.

Schack, Friedrich: Aufopferungsentschädigung bei Körper- (insbes. Impf-) Schäden?, in MDR 1951, 263 ff.

Schack, Friedrich: Der Aufopferungsanspruch, in BB 1956, S. 490 ff.
— Der „enteignungsgleiche Eingriff", in JZ 1960, 625 ff.
— Die Anwendung des § 75 Einl. z. ALR auf schuldlos rechtswidrige Eingriffe der öffentlichen Gewalt in der Rechtsprechung des Reichsgerichts, in VerwArch 40, 426 ff.
— Empfiehlt es sich, die verschiedenen Pflichten des Staates zur Entschädigungsleistung aus der Wahrnehmung von Hoheitsrechten nach Grund, Inhalt und Geltendmachung gesetzlich neu zu regeln? Gutachten für den 41. Deutschen Juristentag, in: Verhandlungen des 41. Deutschen Juristentages, Berlin 1955
— Öffentlich-rechtliche Entschädigung und Schadensersatz, zum Ausmaß der Enteignungs- und Aufopferungsentschädigung, in BB 59, 1259 ff.
— Reichsgericht und öffentlich-rechtliche Entschädigung im neuen Staat, in VerwArch 44, 97 ff.

Scheuner, Ulrich: Grundlagen und Art der Enteignungsentschädigung, in: Reinhardt, Rudolf und Scheuner, Ulrich, Verfassungsschutz des Eigentums, Tübingen 1954

Schieckel, Horst — *Gurgel*, H. J.: Bundesversorgungsgesetz, Kommentar, 4. neu bearb. Aufl., Stand 1. Januar 1971

Schmidt-Bleibtreu, Bruno — *Klein*, Franz: Kommentar zum Grundgesetz für die Bundesrepublik Deutschland, 2. Aufl., Neuwied und Berlin 1970

Schneider, Egon: Enteignung und Aufopferung, Berlin—Frankfurt 1964

Schneider, Hans: Artikel Preußen S. 1607 ff., in: Evangelisches Staatslexikon, 1. Aufl., Stuttgart 1966
— in: Friedrich Kreft: Aufopferung und Enteignung, Karlsruhe 1968

Schröder, Leopold: Amtshaftung und Enteignungsentschädigung, in JZ 1955, 308 ff.

Seyffertitz, W. — *Thomaschewski*, P.: Bundes-Seuchengesetz, Kommentar, München, Stand: 1. Oktober 1968

Siebert, Wolfgang: Die Haftung der juristischen Personen des öffentlichen Rechts nach § 89 BGB im Rahmen des allgemeinen Haftungsrechts, in DÖV 1951, 44 ff.
— Zur neueren Rechtsprechung über die Abgrenzung von Zivilrechtsweg und Verwaltungsrechtsweg, in DÖV 1959, 733 ff.

Spiess, Heinz (Herausgeber): Schutzimpfungen, Stuttgart 1958
— Schutzimpfungen, 2. Aufl., Stuttgart 1966

v. Staudinger, Julius: Kommentar zum Bürgerlichen Gesetzbuch. Recht der Schuldverhältnisse II. Band Teil 1 c §§ 249—327, 10./11. neu bearb. Aufl., Berlin 1967
— Kommentar zum Bürgerlichen Gesetzbuch II. Band Teil 5 Lieferung 1, Inhalt: Einzelne Schuldverhältnisse §§ 827—853, 10./11. neu bearb. Aufl., 51. Lieferung, Berlin 1970

Stern, Klaus: Das allgemeine Verwaltungsrecht in der neueren Bundesgesetzgebung, in JZ 1962, 265 ff.
— Zur Fortgeltung vorkonstitutionellen Rechts, — BVerwGE 7, 114 — in JuS 1961, 350 ff.

Stern, Klaus — *Burmeister*, Joachim: Die kommunalen Sparkassen. Verfassungs- und verwaltungsrechtliche Probleme, Stuttgart—Berlin—Köln—Mainz 1972

Stödter, Rolf: Öffentlich-Rechtliche Entschädigung, Hamburg 1933, in: Abhandlungen und Mitteilungen aus dem Seminar für Öffentliches Recht, Heft 28

— Über den Enteignungsbegriff, in DÖV 1953, 97 ff., 136 ff.

Tondorf, Günter: Der Aufopferungsanspruch im Zivilrecht, jur. Diss., Köln 1965

Triepel, Heinrich: Die Kompetenzen des Bundesstaats und die geschriebene Verfassung, Tübingen 1908, in: Staatsrechtliche Abhandlungen, Festgabe Paul Laband, 2. Band

Ule, Carl Hermann: Preisstop für Bauland im Bereich von Entlastungsstädten, in VerwArch 54, 345 ff.

von der Vecht, Karl: Die gesetzliche Impfungspflicht auf Grund des Reichsimpfgesetzes von 1874, jur. Diss., Greifswald 1920

Volkmar, Dieter: Allgemeiner Rechtssatz und Einzelakt, Berlin 1962

Wagner, Heinz: Der Haftungsrahmen in der Lehre vom Sonderopfer, S. 441 ff., in: Festschrift für Jahrreiß, Köln—Berlin—Bonn—München 1964

— Eingriff und unmittelbare Einwirkung im öffentlich-rechtlichen Entschädigungsrecht, in NJW 1966, S. 569—574

Weber, Werner: Bemerkung zum Beschluß des Gr. Zivilsenats für Zivilsachen vom 16. 11. 1937, GSZ 4/36 VII 200/36, in ZAKDR 1938, 135 ff.

Weiss, Karl Eduard: System des deutschen Staatsrechts, Regensburg 1843

Weyreuther, Felix: Empfiehlt es sich, die Folgen rechtswidrigen hoheitlichen Verwaltungshandelns gesetzlich zu regeln? (Folgenbeseitigung, Folgenentschädigung), Gutachten zum 47. Dt. Juristentag, München 1968

Wilke, Gerhard: Bundesversorgungsgesetz und Beschädigtenversorgung nach dem Soldatenversorgungsgesetz, 3. Aufl., München 1968

Wilke, Günther: Die Haftung des Staates, Frankfurt/M. 1960

Wolff, Hans Julius: Verwaltungsrecht I, 8. neubearbeitete Aufl., München 1971

Wolff, Martin: Reichsverfassung und Eigentum, S. 1 ff., Berliner Festgabe für Wilhelm Kahl, 1923

Zachariä, Heinrich Albert: Deutsches Staats- und Bundesrecht erste Abtheilung, Göttingen 1841

— Deutsches Staats- und Bundesrecht zweite Abtheilung, Göttingen 1842

Zuleeg, Manfred: Gesetzgebungsbefugnis des Bundes und der Länder im Recht der Enteignung und Aufopferung, in DVBl 1963, 320 ff.

o. V.: Quellen zum Staatsrecht der Neuzeit Band I. Deutsches Verfassungsrecht im Zeitalter des Konstitutionalismus (1806—1918), Tübingen 1949

Printed by Libri Plureos GmbH
in Hamburg, Germany